나의 노무현
너의 노회찬

임춘한 지음

박영사

프롤로그

Podrán morir las personas, pero jamás sus ideas. (Ernesto Che Guevara)

사람은 죽어도 그들의 생각은 결코 죽지 않는다. 프랑스의 철학자 장 폴 사르트르가 20세기의 가장 완전한 인간이라고 평가했던 체 게바라가 남긴 말이다. 그는 부유한 집안의 의사에서 혁명가로, 쿠바의 장관에서 밀림의 게릴라로 보장된 모든 것을 버리고 떠났다. 체 게바라는 일생을 바쳐 자본주의와 맞서 싸웠고, 사망 후에도 전 세계적인 영향력을 끼쳤다.

대한민국 진보정치에는 두 명의 거목이 있다. 고(故) 노무현 대통령과 노회찬 의원이다. 안타깝게도 생전 두 분은 냉혹한 평가를 받았다. 진보는 분열로 망한다는 말이 있듯 당은 쪼개지고, 진보진영 내에서 더 매서운 공격을 받았다. 그러나 이제는 진보정당이라면 노무현 정신과 노회찬 가치를 계승하고 있음을 표방한다. 심지어 보수진영에서조차 우리 사회에 끼친 영향력을 인정하고 있다.

노 대통령과 노 의원에 대한 책은 이미 시중에 차고 넘친다. 그러니 왜 글을 쓰냐고 묻는 사람이 있을 것이다. 그 이유는 하나다. 노무현 정부와 민주노동당 시절은 벌써 20년이 훌쩍 넘었다. 대부분은 두 분과 함께 했던 분들의 회고록이다. 저자들은 당연히 중장년층이다. 대다수 청년들에게 와닿지 않는 경우가 많다.

20·30세대에게는 두 분이 낯설다. 2024년 5월 천호선 전 정의당 대

표가 노무현시민센터에서 청년들을 대상으로 강연을 한다고 해서 찾아뵌 적이 있다. 그 자리에서 한 20대 청년의 한마디가 아직도 잊히지 않는다. 자신은 솔직히 노 대통령과 노 의원에 대해 잘 모른다는 것이다. 이런 상황에서 노무현 정신이나 노회찬 가치라는 명분이나 슬로건은 무의미해진다.

그때 나 스스로를 돌이켜봤다. 과연 노 대통령과 노 의원을 제대로 아는가. 나조차도 확답을 할 수 없었다. 그래서 글을 써야겠다고 다짐했다. 사실 노무현 정부 당시 중·고등학생이었고, 노무현 정신을 책으로 공부했다. 그 이후엔 노 대통령을 그 누구보다도 좋아했고, 2009년 5월 23일 그가 세상을 떠났을 땐 며칠을 아무것도 하지 못할 정도로 큰 충격을 받았다.

노 의원의 전성기는 민주노동당부터 거슬러 올라가야겠지만 나에게는 진보신당 때부터의 기억이 생생하다. 그는 팟캐스트 방송 '노유진의 정치카페', 'MBC 100분 토론' 등에서 촌철살인의 화법을 구사해 수많은 어록을 남겼다. 노 의원의 경우 2018년 기자가 된 후 국회를 출입하면서 몇 번 뵌 적 있다. 그러나 그해 7월 노 의원은 갑작스럽게 생을 마감했고, 장례식장에서 펑펑 울며 기사를 썼다. 국회의원회관 510호 앞을 지날 때마다 그가 생각난다.

『나의 노무현 너의 노회찬』은 노무현 정신, 노회찬 가치, 진보의 성찰, 진보의 미래로 구성됐다. 지금까지와 달리 기성세대가 아닌 청년의 시각에서, 단순 인물사가 아닌 현대적 해석을 더한다. 노무현 정신은 노 대통령의 결정적 순간과 연설을 바탕으로 계승할 점들을 모색한다. 노회찬 가치는 노 의원의 정치 인생과 어록을 중심으로 진보정치의 방향성을 진단한다. 진보의 성찰은 진보정당의 역사를 살펴보고 과오를 반성한다. 진보의 미래는 정치체제, 노동, 기후, 여성 등 변화하는 시대에 발맞춰 새로운 어젠다를 제시한다.

　대학 시절만 해도 진보 그 자체가 멋있게 받아들여질 때가 있었다. 세상이 조금 더 나아지길 바라는, 생각이 트여있는 사람들을 지칭했기 때문이다. 그런데 지금은 아니다. 노 대통령과 노 의원을 언급하는 정당·정치인들이 올드하게 느껴진다. 이제는 그들이 또 다른 기득권이 됐고, 진보의 가치는 그때 그 시절에 멈춰버렸다.

　감히 말하건대 진보 정치의 위기다. 새로운 시대정신을 제시하지 못하고 있다. 오로지 선거 승리에만 몰두돼 모두가 본질을 잊어버렸다. 안전하고 편안한 것만을 추구하면 더 이상 진보라고 할 수 없다. 우리는 노 대통령과 노 의원을 뛰어넘어야 한다. 진보의 길은 노무현보다 더 노무현답게, 노회찬보다 더 노회찬답게여야만 한다. 바라건대 이 책이 진보정치 재건의 마중물이 되길 바란다.

차례

프롤로그 ... 1

 **노무현 정신** ... 9

1. 반골 ... 10
2. 패기 ... 14
3. 소신 ... 17
4. 신뢰 ... 21
5. 개척 ... 24
6. 원칙 ... 27
7. 돌파 ... 30
8. 분권 ... 34
9. 인내 ... 37
10. 진보 ... 41
11. 개혁 ... 44
12. 연정 ... 47
13. 현실 ... 51
14. 국익 ... 54
15. 실리 ... 58

16. 주권	61
17. 평화	66
18. 개헌	70
19. 성찰	73
20. 미래	79

노회찬 가치　　　　　　　87

1. 소명	88
2. 도전	92
3. 저항	95
4. 비전	99
5. 분투	102
6. 함께	106
7. 복지	109
8. 진심	112
9. 초심	115
10. 연대	118
11. 신념	121
12. 소통	125
13. 재미	128
14. 일침	132
15. 소망	135
16. 약자	139

17. 여성	142
18. 인권	145
19. 협치	147
20. 책임	150

진보의 성찰　　　　　155

1. 도덕성 추락	156
2. 존재 가치 상실	159
3. 인간 본성 부정	162
4. 계파 갈등	165
5. 종북 논쟁	167
6. 시대착오	170
7. 무너진 민주주의	173
8. 동떨어진 진보정당	176
9. 세대교체 실패	179
10. 비례대표 논란	182
11. 내로남불 페미니즘	185
12. 잊혀진 생활정치	187
13. 대통합의 부재	189
14. 사라진 이슈파이팅	192
15. 반쪽짜리 선거개혁	195

진보의 미래　　　　　　　　　　199

1. 대통령제의 종언　　　　　　　200
2. 100% 비례대표제　　　　　　202
3. 진보집권플랜　　　　　　　　205
4. 제7공화국　　　　　　　　　　207
5. 검찰해체　　　　　　　　　　210
6. 지역갈등해소　　　　　　　　213
7. 수도 이전　　　　　　　　　　215
8. 전세제도 폐지　　　　　　　　217
9. 주 4일제　　　　　　　　　　220
10. 노조 혁신　　　　　　　　　222
11. 노동존중사회　　　　　　　224
12. 기본소득　　　　　　　　　226
13. 기후 위기　　　　　　　　　228
14. 성 평등　　　　　　　　　　230
15. 남북통일　　　　　　　　　233

에필로그　　　　　　　　　　　235
참고문헌　　　　　　　　　　　238

I.

나의 노무현 너의 노회찬

노무현 정신

01

반골

사진출처: 노무현재단

노무현 대통령은 모두가 '예스'라고 할 때 '노'라고 말하는 사람이었다. 권위나 사회적 통념에 따르지 않고 반항하는 기질을 우리는 반골(反

骨)이라고 부른다. 노 대통령은 중학생 시절 3·15 부정선거를 앞두고 교내 이승만 대통령 찬양 글짓기 행사를 거부할 만큼 불의에 대한 저항심이 강했다. 한때 남들처럼 시류에 편승하고 산적도 있지만 결국 본성을 거스를 수는 없었다.

노 대통령은 "모난 돌이 정 맞는다.", "계란으로 바위 치기다." 라며 어린 시절 어머니에게 갈대처럼 살라는 말을 수없이 들었다. 그는 제17회 사법시험에서 유일한 고졸 출신 합격자로 1977년 대전지방법원의 판사로 임용됐다. 업무는 단조로웠고 좋은 판사가 될 수 없다고 생각해 5개월 만에 그만뒀다. 그렇게 1978년 5월 부산에서 변호사 사무실을 열었고 세무·회계 전문으로 높은 수임료를 받았다. 노 대통령이 처음부터 인권변호사는 아니었다. 이때까지만 해도 그저 평범한 변호사들 중 하나일 뿐이었다.

변호사 인생의 전환점은 1981년 부림사건이었다. 당시 전두환 정권은 부산에서 사회과학독서모임을 하던 학생, 교사, 회사원 등 22명을 영장 없이 체포·구속했다. 리영희 교수의 '전환시대의 논리', 박현채 교수의 '민족경제론', 에드워드 카의 '역사란 무엇인가', 조세희 작가의 '난쟁이가 쏘아 올린 작은 공' 등 불온서적을 읽고 공산주의혁명을 획책했다는 부산 최대의 공안조작사건이다. 이들은 최대 63일간 불법감금, 협박, 구타, 물고문을 당했고 순식간에 공산주의자로 탈바꿈됐다. 이는 국가보안법이 어떻게 악용될 수 있는지를 적나라하게 보여준 사건으로 평가된다.

노 대통령은 민청학련 사건으로 유명했던 김광일 변호사의 권유로 무료 변론에 나서게 됐고 이때부터 본격적인 인권변호사 활동이 시작됐다. 그는 "얼마나 고문을 당하고 충격을 받았는지 처음엔 변호사인 나조차 믿으려 하질 않았다. 공포에 질린 눈으로 슬금슬금 눈치를 살피는 모습을 보자 피가 거꾸로 솟는 듯했다."라고 회상했다.

노 대통령은 군사 독재 시절 억울한 노동자, 학생들을 위해 헌신했다. 1982년 부산 미국문화원 방화사건 변론이 대표적이다. 부산 지역 대학생들이 미국의 광주민주화운동 유혈 진압과 독재정권 비호에 항의하기 위해 미국문화원에 불을 질렀다. 전두환 정권은 북한의 사주를 받은 불순분자의 소행으로 사건을 조작했다. 이 과정에서 학생들을 도왔다는 혐의로 가톨릭 원주교구 최기식 신부가 구속됐다. 노 대통령은 학생들의 변호를 맡아 인권과 민주주의를 지키기 위해 노력했다. 이 때문에 1년 6개월가량 부산일보의 생활법률상담 연재를 그만두게 됐다.

1987년에는 6월 항쟁의 최전선에 있었다. 이는 12·12 사태로 정권을 잡은 전두환 군사정권의 장기집권을 저지하기 위해 일어난 민주화운동이다. 노 대통령은 국민운동본부 부산 본부 상임 집행위원장을 맡았다. 그는 부산에서 열린 박종철 열사 추모대회에서 경찰에 연행돼 문재인·김광일 변호사와 함께 대공분실에 구금되기도 했다. 당시 전국에서 저항운동이 확산되자 노태우 민주정의당 대표위원은 6·29 선언을 발표하며 대통령 직선제 개헌을 수용했다.

부산 한진중공업 노동자 사건은 노동자 권리 운동의 한 획을 그었다. 당시 노동자들은 낮은 임금과 열악한 노동 환경에서 노출돼 있었고 파업을 단행했다. 노 대통령은 노동자들의 부당 해고와 경찰의 강압적인 진압에 맞서 싸우는 데 법률적 지원을 했다. 이들이 구속되고 고소당했을 때는 법정에서 노동자의 정당한 권리를 보호해야 한다고 역설했다. 노 대통령이 노동 인권에 지대한 관심을 갖고 있었다는 것을 보여주는 일례이다.

그해 8월 거제도 대우조선에서는 노동 환경 개선을 요구하는 시위가 벌어졌다. 경찰은 파업을 무리하게 진압했고 노동자 이석규 씨가 최루탄에 맞아 사망했다. 노 대통령은 사인 규명 작업을 하다가 제삼자 개입 및 장식(葬式) 방해 혐의로 구속됐고, 변호사 업무정지 처분을 받았다. 노 대통령은 변호사 시절 사회적 약자의 편에 서서 싸우는 것이 얼마나 중요한지 깨달았다. 군사 독재 시절 억압받는 사람들을 대변하고, 민주주의와 사회 정의를 위해 힘을 썼다. 그의 행보는 정치인으로 성장하는 토대가 됐고 정치 철학에 큰 영향을 미쳤다.

지금 우리 사회에는 반항하는 인간이 필요하다. 소위 학창 시절 공부 좀 한다는 친구들은 대부분은 정해진 커리큘럼대로 인생을 살아왔다. 정치적 성향이 진보라고 해도 크게 다르지 않다. 높은 수능점수, 좋은 직업, 고소득, 안정된 생활을 추구한다. 그렇게 자연스럽게 기득권 논리에 스며들고, 진보적 상상력은 급진적인 것으로 취급한다. 예전 진보의 야성(野性)이 그리운 이유다.

02

패기

노무현 대통령은 정치 신인시절 패기로 똘똘 뭉친 사람이었다. 어떤 어려운 일이라도 해내려는 굳센 정신과 의지가 있었다. 1988년 초 노 대통령은 김영삼 통일민주당 총재로부터 영입제안을 받았다. 선거에서 당선되기 수월한 지역으로 갈 수도 있었지만 '이왕이면 센 놈하고 붙고 싶다'라고 했다. 그렇게 아무런 연고가 없었지만 부산 동구로 가게 됐다. 전두환 씨의 왼팔이었던 허삼수 민주정의당 후보기 나오는 곳이었기 때문이다. 전통적으로 보수 성향이 강한 곳이었기에 승리를 장담할 수는 없었다.

노 대통령은 선거기간 내내 새로운 정치를 내세우며 부정과 비리와는 타협하지 않겠다는 의지를 표명했다. 특히 사회정의와 민족정기 수립, 재벌 해체와 민주노조 육성, 재벌과 부정 축재자들의 토지 징발 등 주장들은 다소 과격했지만 정치신인의 결기를 보여줬다. 개인적인 정치적 기반은 약했지만 진솔한 연설을 통해 유권자들의 관심을 끌었고, 청년들과 민주시민들에게 큰 지지를 받았다. 그 결과 노 대통령(51%)은 허 후보(42.27%)를 꺾고 제13대 국회의원으로 당선됐다.

노 대통령은 임기가 시작되자마자 국회 환경노동위원회에서 활발한

활동을 펼쳤다. 당시 전국 노사분규 현장을 찾아다니면서 고군분투했고, 이해찬·이상수 의원과 환노위 삼총사로 불렸다. 그러나 참담한 노동 현실에서 할 수 있는 일은 많지 않았고, 분노와 자괴감이 밀려왔다.

노 대통령은 그해 7월 국회 본회의 대정부 질문에서 "국무위원 여러분 아직도 경제 발전을 위해서 노동자의 희생이 계속돼야 한다고 생각하느냐. 그런 발상을 가진 사람들에게 이렇게 말하겠다. 너네들 자식 데려다가 죽이란 말이야. 춥고 배고프고 힘없는 노동자들 말고, 바로 당신들 자식 데려다가 현장에서 죽이면서 이 나라 경제를 발전시키란 말이야."라고 목소리를 높였다.

5공 비리 청문회에서 노 대통령은 일약 전국구 스타로 떠올랐다. 거물급 정치인들도 어려워하던 정주영 현대그룹 명예회장에게 일해재단의 모금 및 정치적 의미에 대해 따져 물었다. 당시 일해재단은 전두환 정권의 부정축재의 상징으로, 재벌들로부터 강제적으로 자금을 모집했다. 노 대통령은 정 명예회장에게 "시류에 순응한다는 것은 힘 있는 사람이 하는 쪽으로 따라가는 것인가. 그 순응이 부정한 것도 따라가는 것인가."라고 지적했다.

노 대통령은 유찬우 풍산금속 대표를 상대로는 "그 절대 권력을 가지고 있는 군부에는 5년 동안에 34억 5000만 원이라는 돈을 널름널름 갖다 주면서 내 공장에서 내 돈 벌어 주려고 일하다가 죽었던 노동자에 대해 4000만 원을 주느냐, 8000만 원을 주느냐를 갖고 그렇게 싸워야 하느냐. 그것이 인도적이냐. 그것이 기업이 할 일이냐. 답변하라."라고 추궁했다.

최초로 TV 생중계된 5공 청문회에서는 이른바 '명패 투척 사건'으로 유명해졌다. 전두환 씨는 5·18 민주화운동이 정당한 자위권 발동이었다고 주장했고, 야당의 질문에 묵비권으로 일관했다. 그러자 이철용 평화민주당 의원이 "살인마 전두환 발포 쟁점부터 밝혀."라고 외치며 달려들어 제지당했다. 그때 노 대통령은 "국민의 비난은 누가 책임지느냐. 본 의원은 풀리지 않은 의혹이 엄청나게 남아있다."며 명패를 내던졌다.

1989년 초 민주정의당은 청문회 거부를 선언했고, 야당 단독 청문회는 사실상 무의미했다. 노 대통령은 무력감을 느끼고 의원직 사직서를 제출했다. 그는 "이제 노태우와 그 일파의 눈에는 국회 같은 것은 보이지 않는 모양이다. 지금 이 시간에도 온갖 박해를 무릅쓰고 싸우는 대중투쟁이야말로 의정 활동 못지않게 민주주의 발전에 기여하는 것이다."라며 모든 것을 내려놓기로 결심했다.

많은 사람들이 노 대통령의 국회 복귀를 촉구했다. 한 시민들은 "의원님 같은 분이 사표를 내면 우리 같은 사람들은 어떻게 하느냐."라고 하소연했다. 결국 같은 당 최형우 의원이 찾아왔고, 사퇴 철회서를 쓰라고 권유했다. 노 대통령은 집 앞으로 몰려온 기자들 앞에서 "변명할 말이 없다. 부끄러울 따름이다."라며 사퇴를 번복했다. 초선이었던 노 대통령은 비록 정치적으로 미숙했지만 시민의 눈높이에 맞는 정치적 행보를 보였다. 정치·경제 권력에 타협하지 않았고, 정의로운 정치인으로 시민들에게 각인됐다.

작금의 대한민국 진보에는 기백이 안 보인다. 총선 때 지역 구도를 깨겠다며 자진해서 험지로 뛰어든 정치인을 본 적이 없다. 대의는 없고, 오로지 권력 추구만이 존재한다. 모두가 안정적으로 당선될 수 있는 곳에 목을 맨다. 말로는 노무현 정신을 부르짖지만 행동은 보수 정치인과 다를 바 없다. 중요한 것은 언행일치다.

03

소신

사진출처: 노무현재단

　노무현 대통령의 정치적 자산은 다름 아닌 소신이었다. 지금의 당 대표보다 권한이 더 막강한 총재 앞에서도 자신의 의견을 굽히지 않았고, 자신의 지지자들 잘못에 대해서도 할 말은 하는 정치인이었다.

　1990년 1월 12일 김영삼 통일민주당 총재는 민주정의당, 신민주공화당과 3당 합당 선언을 한다. 1987년 대통령 직선제 개헌이 이뤄졌지만 노태우 씨가 대통령으로 당선되면서 구질서와 신질서와의 충돌이 일어나고 있었다. 군부 기반의 노태우 정권은 민주화 세력인 통일민주당과의 통합을 통해 정치적 안정성을 확보하려고 했다.

당시 김영삼 총재가 "구국의 차원에서 통일민주당을 해체한다. 이의 없느냐. 이의가 없으므로 통과됐다."라고 선언하자 노 대통령은 손을 번쩍 들었다. 그는 "이게 회의냐. 이것이 어찌 회의냐. 이의가 있으면 반대 토론을 해야 한다. 토론과 설득이 없는 회의가 어디 있느냐. 토론과 설득이 없는 회의도 있느냐."라고 외쳤지만 소용이 없었다.

노 대통령은 3당 합당을 밀실야합이라고 규정하고 민주자유당에 합류하지 않았다. 대신 통일민주당 잔류세력들과 함께 민주당을 창당했다. 고작 8명밖에 되지 않았기에 사람들은 꼬마 민주당이라고 불렀다. 그러나 국민들의 야당 통합을 요구가 거세졌고 결국 1991년 9월 김대중 평화민주당 총재와 손을 잡게 됐다.

노 대통령은 1992년 제14대 총선에서 민주당 후보로 부산 동구 선거구에 출마했지만 재선에 실패했다. 1995년 제1회 지방선거에는 부산광역시장 선거에 출마했으나 36.7%의 득표율로 문정수 민주자유당 후보에 패배했다. 3당 합당 이후 보수 세력의 결집력이 발휘됐고, 고착화된 지역주의를 넘어서기는 어려웠다.

1995년 대선 패배 후 정계 은퇴를 선언했던 김대중 총재가 복귀했다. 이때 새정치국민회의가 창당되면서 민주당 의원들의 탈당 러시가 이어졌다. 민주당은 제2야당이 됐고, 개혁신당과 통합해 통합민주당을 만들었다. 이후 노 대통령은 부산시장 후보로 다시 출마했으나 낙선했다. 1996년 제15대 총선에서는 서울 종로구에 출마했으나 이명박 신한국당 후보, 이종찬 새정치국민회의 후보에 밀려 3위를 기록했다.

노 대통령은 국민통합추진회의를 결성해 정치활동을 이어갔다. 제15대 대선을 앞두고 내부에서 균열이 생겼다. 조순 통합민주당 대통령 후보가 신한국당과 합당 결정을 했다. 그러자 노 대통령은 정권교체를 이뤄내야 한다며 새정치국민회의에 입당했다. 김대중 총재는 "오늘은 매우 기쁜 날이다. 단순히 여러분과 다시 일하게 된 데 대한 기쁨뿐만이 아니라 그동안 여러분에게 지고 있었던 마음의 짐을 풀었다는 것이 가장 기쁘다."라고 화답했다. 그 해 김대중 총재는 극적으로 대통령에 당선됐다.

1998년 2월 이명박 한나라당 의원이 서울시장 후보 경선 출마를 위해 의원직을 사퇴했다. 노 대통령은 7월 21일 재보궐선거에서 서울 종로구에 나가 정인봉 한나라당 후보를 꺾었다. 정권은 바뀌었지만 지역구도는 여전했다. 노 대통령은 부산에서 도망친 듯한 느낌이 들어 속앓이를 했다.

2000년 4월 제16대 총선을 앞두고 부산 출마를 결정했다. 노 대통령은 "지역 분열을 더 부추겨서는 안 된다. 동서 통합을 위해서 부산 경남지역으로 간다."라고 선언했다. 개인적 이익이 아닌 정치적 대의를 위한 선택이었지만 세상은 있는 그대로 받아들이진 않았다. 그렇게 부산 북·강서을 지역구에서 새천년민주당 후보로 나갔으나 끝내 낙선했다. 노 대통령은 선거 패배 후 낙선 인사를 통해 "많은 분들이 왜 부산으로 왔느냐고 묻는다. 저의 낙선을 보고 이번 도전이 비현실적이고 무모한 짓이라고 평하는 사람도 있는 듯하다. 그러나 저는 그렇지 않다고 생각한다. 위험한 것은 사실이었지만 불가능한 일은 아니었다. 도전하지도 않는 사람이 세상을 변하게 할 수는 없을 것이다."라고 밝혔다.

부산 시민들을 향한 일방적인 비난에도 동의하기 어렵다는 입장을 내놨다. 노 대통령은 "지역주의가 어디 부산만의 문제이냐. 우리 누구도 그로부터 자유롭지 않다는 사실을 인정해야 한다. 특히 호남에서 부산을 욕하시는 분들에게 말씀드린다. 지금도 과거의 행적을 모두 덮어두고 김대중 대통령 옆에 서기만 하면 무조건 지지하고 만세를 부르는 일은 없느냐. 서로 처지를 바꾸어 한 발씩 물러서서 생각하자."라고 호소했다.

노 대통령은 비록 선거에서 졌지만 '바보'라는 별명을 얻게 됐고, 젊은 지지층들을 중심으로 노무현을 사랑하는 사람들의 모임(노사모)가 결성됐다. 이는 2000년대 초반 인터넷이 급격히 성장하던 시기에 한국 정치 문화를 완전히 바꿔 놨다. 회원들은 자발적으로 온라인상에서 노 대통령의 정치적 철학과 비전을 알렸다. 노사모는 2002년 제16대 대선 승리의 밀알이 됐다.

노 대통령이 살아계셨다면 더불어민주당의 행태를 꾸짖었을 것이다. 지금 당의 주류 세력과 생각이 다르면 그들의 적(敵)에 불과하다. 당내 다양성과 포용성은 인정되지 않으며, 지지자들은 합리적인 비판 세력에게 집단린치를 가한다. 양심 있는 사람들조차 민주주의 원칙에 맞지 않다는 것을 알면서도 눈을 감는다. 노무현 정신은 온데간데없이 사라졌다. 이제라도 되살려내야만 한다.

04

신뢰

노무현 대통령의 리더십은 신뢰에 기반한다. 기본적으로 권력과 책임을 적절히 위임하면 자율성이 발휘된다고 믿었다. 해양수산부 장관으로서 8개월여의 재임기간은 대화와 타협, 탈권위주의, 신뢰와 책임 등 민주적 리더십이 돋보인 시기였다. 이는 권위적 지도자가 통제와 감시를 하고, 구성원들이 의사결정에 참여하지 못하도록 하는 것과는 상반된다.

노 대통령은 2000년 8월 해양수산부 장관에 임명됐다. 제16대 총선에서 낙선한 뒤 석 달 뒤 국민의 정부에 입각하게 된 것이다. 국민들로부터 소신 있는 정치인으로 인정받고 있었고, 행정안전부·노동부·통일부 장관 하마평에 올랐다. 그러나 해양수산부로 가게 됐고, 부산·경남 지역의 최대 관심 부처이기에 일종의 배려였다는 이야기도 있다.

노 대통령은 취임사에서 "많은 일을 하고도 제대로 평가받지 못한 여러분의 고충을 충분히 이해한다. 그러나 해양수산부는 현재보다 미래가 있는 부처이다. 우리 어깨 위에 한국경제의 미래가 달려 있다. 감히 다시 한번 저와 함께 노력해 주길 당부드린다. 여러분에게 쏟아지는 매는 제가 맞겠다. 자신 있게 일해 달라. 일을 추진하다 생긴 실수는 있을 수 있다. 그건 제가 책임지겠다. 그러나 일을 하지 않으면 그 모든 책임은 여러분이 져야 할 것이다. 진실을 이야기해라. 반대의견이 있으면 직을 걸고 반대해라. 현장에 가서 보고 판단해라. 이제부터 여러분과 저는 한 팀이다."라고 강조했다.

노 대통령은 장관실에 앉아 실·국장으로부터 의례적인 업무보고를 받지 않았다. 담당 사무관들을 직접 만나 의견을 공유하고 업무를 파악했다. 모든 직원들과 같이 이메일로 대화를 하고 수평적으로 토론했다. 자율성을 갖고 합리적으로 판단하고 일하는 조직문화를 만들어갔고, 장관과 생각이 달라도 담당자의 의견이 확고하면 존중해 줬다.

노 대통령은 일방적 지시가 아닌 대화와 토론으로 대안을 마련해 나갔다. 중국산 냉동 납 꽃게 사건 당시 담당자 문책과 재발 방지 대책 요구가 빗발쳤다. 지금껏 일어난 적이 없는 일이었기에 단순 징계는 중요하지 않았다. 어떻게 시스템을 바꾸고 구축해 나갈지가 관건이었다. 그러나 수입수산물 전량검사는 현실적으로 불가능했다. 일단 국민 불안을 해소하기 위해 모든 부처 직원들이 총동원돼 중국산 꽃게 전량을 검사했다. 그다음 중국과 수산물 검사협정을 맺어 사전 예방 검사시스템을 만들었다.

권위주의를 타파하기 위해 장관에 대한 특별 대접과 의전은 전부 없앴다. 장관 출근시간에 맞춰서 현관에 수위장과 비서진이 대기하다가 관용차가 도착하면 거수경례를 하는 악습을 중단시켰다. 지방 출장에서 지역 공관장이 좋은 차를 빌려 장관을 맞이하던 관행도 금지했다. 자기를 스스로 낮추면 권위를 얻는다는 생각이 그대로 적용된 순간이었다.

윗사람이 모든 책임을 지고 일을 진행했다. 장관 취임 당시 부산 신항만 민자 개발 사업시행자와 적정 수익률 보장을 위한 지원금 협상이 진행되고 있었다. 정부의 가이드라인은 수익률 2% 보장이었는데, 여기에 0.3%를 더 올려달라고 요구했다. 공무원들은 스스로 규정을 어길 수 없었다. 그러자 노 대통령은 본인이 책임지겠다며 협상을 마무리시켰다. 사업이 더 지연될 경우 큰 손실이 날 수밖에 없었기 때문이다. 이렇게 장관 시절 쌓은 개혁적 리더십과 행정 경험은 더 큰 정치적 도약을 할 수 있는 발판이 됐다.

세계적으로 권위주의가 다시 득세하고 있다. 우리나라 역시 마찬가지다. 진보진영조차 보수정당을 압도할 강력한 리더십을 원한다. 이런 상황이다 보니 정당 내에서 대화와 타협은 없다. 다수의견을 무조건적으로 밀어붙이고, 소수의견을 완전히 묵살한다. '강한 리더십=권위적 지도자'라는 착각에 빠져버렸다. 진보라면 마땅히 민주적 지도자를 지지해야 함에도 말이다.

05

개척

사진출처: 노무현재단

　노무현 대통령의 당선은 기적이라고 불린다. 출마 선언 당시만 해도 비주류 군소후보로 지지율은 한 자릿수에 불과했다. 새천년민주당은 '이인제 대세론'이 지배적이었고, 가장 유력한 후보로 꼽혔다. 만약 대세에 밀려 지레 포기했다면 그는 대통령이 될 수 없었을 것이다. 노 대통령은 자신의 정치인생을 스스로 개척했다.

　대서사의 시작은 최초로 시행된 국민 참여 경선이었다. 2002년 3~4

월 전국 16개 시도를 돌면서 당원(50%), 국민(50%)의 투표가 진행됐다. 노무현 캠프는 다른 후보들에 비해 초라했다. 노 대통령은 현역 의원이 아니었고, 당원조직·자금 모두 뒤처졌다. 노무현을 사랑하는 사람들의 모임(노사모)은 수십만 명의 선거인단 참여 신청서를 모으고 지지를 호소했다. 첫 경선인 제주에서 1위는 한화갑 후보, 2위는 이인제 후보, 3위는 노 대통령, 4위는 정동영 후보가 차지했다. 다음 날 울산에서는 노 대통령은 영남 후보론의 힘을 받으면서 1위를 차지했다. 이때부터 사실상 2강 구도가 만들어졌다.

광주 경선을 앞두고 문화일보와 SBS 여론조사가 경선 판도를 뒤흔들었다. 양자대결에서 노 대통령(41.7%)이 이회창 한나라당 후보(40.6%)를 앞섰기 때문이다. 이는 새천년민주당 후보가 처음으로 이긴 결과였다. 그러자 광주는 예상을 깨고 노 대통령을 1위로 만들어줬다. 이회창 한나라당 후보를 이길 수 있는 사람을 전략적으로 선택한 것이다. 노 대통령은 "광주시민 여러분들의 위대한 승리, 민주당의 승리, 한국 민주주의 승리로 이어질 수 있도록 최선을 다하겠다."라고 강조했다. 그렇게 노무현 바람이 불면서 4월 26일 제16대 대통령 선거 공식 후보가 됐다.

노 대통령은 민주개혁 세력 대통합론을 꺼내 들었다. 김영삼 전 대통령을 만나 부산시장 후보 문제를 상의했다. 그러나 성과는 없이 끝났고 역풍이 불면서 지지율이 하락했다. 여기에 김대중 대통령 두 아들의 비리 사건으로 위기가 찾아왔다. 노 대통령은 영남권에서 단체장을 한 명도 당선시키지 못하면 후보 재신임을 받겠다고 했는데 그 결과는 참혹했다. 당무 회의에서 재신임을 의결했지만 후보 사퇴론은 사그라들지 않았다.

월드컵 4강 진출로 인기를 얻은 정몽준 의원은 대선 출마를 선언했다. 노 대통령의 지지율은 15%까지 떨어지며 3위를 기록하기도 했다.

당내 수십 명의 의원들이 후보단일화추진협의회를 만들고 후보 교체론을 주장했다. 10월 17일 김민석 새천년민주당 의원은 탈당해 정 의원의 국민통합21로 갔다. 그러자 뜻밖의 일이 벌어졌다. 소액 후원금이 쏟아지고, 지지율이 회복하기 시작했다. 그러나 단일화는 필수적이었다. 노 대통령은 국민 50%, 당원 50% 안을 제시했지만 국민통합21은 거절했다. 노 대통령은 11월 11일 본인에게 불리하다고 평가된 여론조사 단일화를 제안했다. 대승적인 결단은 지지율 상승을 견인해 단일 후보가 됐다.

정 의원은 대선 투표 전날 돌연 단일화 파기를 선언했다. 노 대통령은 설득을 위해 정 의원의 자택을 방문했지만 회동은 무산됐다. 진보진영은 대선 패배에 대한 위기감에 휩싸였고, 노 대통령에게 적극 투표하면서 57만표 차이의 극적 승리를 거두게 됐다.

제16대 대선은 한 편의 드라마다. 개혁 성향의 노 대통령은 수없는 저항을 극복해야 했다. 그 과정에서 정치공학과 기회주의에 대한 국민의 심판이 있었다. 현재 고착화된 거대양당 구도에서 새로운 기득권이 생겼다. 더불어민주당 의원들의 스펙트럼은 넓지만 진보정당이라고 할 수 있는지는 의문이다. 진보적인 정책도, 국민 통합도 없다. 우리에게는 더 많은 시민들과 함께 진보라는 거친 땅을 일궈 나갈 새 인물이 필요하다.

06

원칙

노무현 대통령의 취임사에는 참여정부의 원칙이 고스란히 담겨있다. 정의사회 실현, 민주주의, 평화, 경제발전 등 국정 철학과 비전이 압축돼 있다. 그가 어떤 대통령이 되고자 했는지, 한국 사회를 어떤 방향으로 이끌고자 했는지를 분명하게 보여주는 명연설이다.

기득권 타파와 공정사회 강조는 가장 중요한 정치적 신념이었다. 노 대통령은 "반칙과 특권이 용납되는 시대는 이제 끝나야 한다. 정의가 패배하고 기회주의자가 득세하는 굴절된 풍토는 청산돼야 한다. 원칙을 바로 세워 신뢰사회를 만들자. 정정당당하게 노력하는 사람이 성공하는 사회로 나아가자. 정직하고 성실한 대다수 국민이 보람을 느끼게 해드려야 한다."라고 강조했다.

정치개혁 의지는 많은 사람들의 공감을 얻었다. 노 대통령은 "개혁은 성장의 동력이고, 통합은 도약의 디딤돌이다. 정치부터 바꿔야 한다. 진정으로 국민이 주인인 정치가 구현돼야 한다. 당리당략보다 국리민복을 우선하는 정치풍토가 조성돼야 한다. 대결과 갈등이 아니라 대화와 타협으로 문제를 푸는 정치문화가 자리 잡았으면 한다. 저부터 야당과 대화하고 타협하겠다."라고 밝혔다.

지역주의 타파와 지방 분권은 국민통합의 최우선 과제로 여겨졌다. 노 대통령은 "국민통합은 이 시대의 가장 중요한 숙제이다. 지역구도를 완화하기 위해 새 정부는 지역탕평 인사를 포함한 가능한 모든 조치를 취해 나갈 것이다. 중앙 집권과 수도권 집중은 국가의 미래를 위해 더 이상 방치할 수 없다. 지방분권과 국가균형발전은 미룰 수 없는 과제가 됐다. 중앙과 지방은 조화와 균형을 이루며 발전해야 한다."라고 말했다.

동북아 균형자론은 자주적인 외교와 평화로운 국제질서 구축을 위한 다짐이었다. 노 대통령은 "한반도는 동북아의 중심에 자리 잡고 있다. 중국과 일본, 대륙과 해양을 연결하는 다리이다. 동북아에 번영의 공동체를 이룩하고 세계의 번영에 기여해야 한다. 유라시아 대륙과 태평양을 잇는 동북아의 평화로운 관문으로 새롭게 태어나야 한다. 부산에서 파리행 기차표를 사서 평양, 신의주, 중국, 몽골, 러시아를 거쳐 유럽의 한복판에 도착하는 날을 앞당겨야 한다."라고 피력했다.

노 대통령은 한반도 평화 번영 구상을 제시했다. 그는 "진정한 동북아 시대를 열자면 먼저 한반도에 평화가 제도적으로 정착돼야 한다. 21세기에는 세계를 향해 평화를 발신하는 평화지대로 바꿔야 한다. 저는 한반도 평화증진과 공동번영을 목표로 하는 평화번영정책을 추진해 나가겠다. 모든 현안은 대화를 통해 풀도록 하겠다. 상호신뢰를 우선하고 호혜주의를 실천해 나가겠다. 남북 당사자 원칙에 기초해 원활한 국제협력을 추구하겠다. 대내외적 투명성을 높이고 국민참여를 확대하며 초당적 협력을 얻겠다."라고 밝혔다.

경제 성장과 과학기술 발전 등 국가 미래 먹거리를 위한 구상도 담겼다. 노 대통령은 "우리는 각 분야의 새로운 성장 동력을 창출해야 한다. 시장과 제도를 세계기준에 맞게 공정하고 투명하게 개혁해 기업을 하기 좋은 나라, 투자하고 싶은 나라로 만들고자 한다. 과학기술을 부단히 혁신해 제2의 과학기술 입국을 이루겠다. 지식정보화 기반을 지속적으로 확충하고 신산업을 육성하고자 한다. 문화를 함양하고 문화산업의 발전도 적극 지원하겠다."라고 역설했다.

　노 대통령의 취임사의 내용은 20여 년이 흘렀지만 여전히 유효하다. 당시 국정 운영과 정책이 온전하게 시행되지 못했다고 평가할 수도 있고, 5년을 넘어 중장기적인 과제로 추진했어야 하는 사안일 수도 있다. 우리는 노 대통령이 제시한 방향성을 계승·발전시켜야 한다. 과거 그는 원칙 있는 승리가 가장 좋지만 그게 어렵다면 원칙 있는 패배가 원칙 없는 승리보다 낫다고 했다. 원칙을 지키는 것이 정치적 성공보다 중요하다는 명언으로 아직까지도 회자된다. 결국 무너진 원칙부터 바로 잡아야 한다. 그것이 진보 재건의 출발점이다.

07

돌파

사진출처: 노무현재단

　노무현 대통령의 '전국 검사들과의 대화'는 검찰개혁을 위한 정면 돌파였다. 노 대통령은 검찰의 정치적 중립이 훼손된 원인은 권력과 수뇌부의 유착관계라고 봤다. 강금실 법무부 장관을 발탁하고, 파격적인 검찰 고위직 인사를 단행했다. 사법고시 13~15기 검사장들이 배제되고, 16~17기가 승진하자 검사들의 반발이 확산됐다. 이른바 검사 특유의 기수문화와 의리가 작용했다. 검사들은 검찰총장에게 인사권을 이양하라고 요구했다. 참여정부가 출범한 지 한 달도 지나지 않은 시점이었다. 노 대통령은 젊은 평검사들과의 토론을 통해 문제를 해결해야겠다고 생각했다. 청와대 참모진들은 시기와 형식에 맞지 않다고 반대했지만 그의 생각을 꺾을 수는 없었다.

2003년 3월 9일 노 대통령은 평검사들과 정부서울청사에서 토론회를 열었고 방송 3사를 통해 전국에 생중계됐다. 참석 검사는 전국평검사회의에서 기수별·검찰청별로 뽑힌 40명이었고, 이 중 10명이 토론자로 나섰다. 토론회 전 좌석 배치부터 신경전이 벌어졌다. 원래는 대통령과 법무부 장관이 맨 앞에 앉고, 양옆에 검사들이 두 줄로 앉게 돼있었다. 그러자 검사들은 원탁으로 바꿔달라며 버스에서 내리지 않고 버텼다.

노 대통령은 젊은 검사들과 검찰개혁에 대한 공감대를 형성하려고 했다. 그는 "여러분들이 자부심을 갖고 그야말로 소신껏 일할 수 있는 검찰을 만들기 위해서 우리 어떻게 할 것이냐에 대해서 여러분들의 의견을 폭넓게 듣고자 한다. 제가 미처 생각하지 못했던 제 착오나 과오가 있다면 흔쾌히 인정하고, 모자람이 있으면 검찰행정에 참조하고 반영하겠다."라고 밝혔다.

검사들은 온통 인사에만 관심이 있었다. 허상구 검사는 "과거 정권 교체기마다 개혁을 위한 인적 청산이란 이름으로 매번 파격적 인사가 이뤄졌으나 오히려 검찰의 정치적 중립을 훼손하는 결과만을 초래했다. 개혁을 위한 인적 청산을 내세워 과오가 증명되지 않은 검사를 퇴진시키는 일은 없어야 한다. 대통령께서는 토론의 달인이고 저희들은 그야말로 아마추어들이다. 검사들을 토론을 통해 제압하시겠다면 이 토론은 좀 무의미하지 않겠나."라고 주장했다. 그러자 노 대통령은 "저는 동의하지 않는다. 제가 잔재주나 갖고 여러분들하고 대화해서 제압하려는 인품의 사람으로 좀 비하하는 그런 뜻이 들어있다. 저는 상당히 모욕감을 느끼지만 토론에 지장 없이 서로 웃으며 넘어갑시다."라고 맞받아 쳤다.

검사들은 대통령 흠집 내기에만 열중했다. 김영종 검사는 "대통령에 취임하시기 전 부산 동부지청장에게 청탁 전화를 한 적이 있다. 그것은 뇌물사건과 관련해서 잘 좀 처리해 달라는 이야기였는데 왜 검찰에 전화를 하셨느냐."라고 아니면 말고 식의 의혹제기를 했다. 노 대통령은 "이쯤 가면 막 하자는 것이냐. 청탁 전화가 아니었다. 해운대 지구당에 당원이 사건이 계류돼 있는 모양인데 위원장이 억울하다고 자꾸 호소하니 얘기를 한번 들어 달라. 그뿐이다. 그것이 청탁이라면 그렇죠. 나는 검찰을 신뢰했고 실제로 그 검사도 영향을 받지 않았을 것이라고 생각한다."라고 맞섰다.

검사들은 토론 주제를 망각한 채 노 대통령을 비난했다. 이정만 검사는 "최근에 (대통령) 형님에 대한 해프닝을 포함해서 (이런 사건들이) 주위에서 또 생길 수가 있다."라고 했고, 노 대통령은 "이런 자리에서 (그 이야기를) 굳이 꺼내서 대통령 낯을 깎으려는 이유가 있느냐. 정말 이런 식으로 토론하려고 하느냐."라고 날을 세웠다. 박경춘 검사는 "과거에 언론에서 대통령께서 83학번이라는 보도를 봤다. 혹시 기억하시느냐. 그 보도를 보고 동기생이 대통령이 됐구나 생각을 했다."라고 했고, 노 대통령은 "대통령의 개인적 약점이나 신문에 난 것을 거론하는 자리가 아니다."라고 지적했다.

전국 검사들과의 대화는 노 대통령이 평검사들과 직접 소통에 나서면서 기존 대통령들과 다른 탈권위주의적인 모습을 보여줬다는 점이 높이 평가된다. 특히 검사들의 권위주의와 특권 의식이 토론을 통해 드러나면서 시민들이 검찰개혁의 필요성을 인식하는 중요한 계기가 됐다. 노 대통령은 검찰 조직의 민주적 통제를 위해서는 검경수사권 조정과 고위공직자비리수사처(공수처)가 필요하다고 생각했다. 검찰은 기소독점권을 갖고 있고, 아무런 견제를 받지 않는 상태였기 때문이다. 그러나 한나라당은 무조건 반대를 했고, 검찰은 국회에 로비를 했다. 그렇게 참여정부의 검찰개혁의 첫발을 내디뎠지만 임무를 완수하지 못했다. 우리는 검찰의 정치적 중립 확보라는 남겨진 과업을 마무리해야만 한다.

08

분권

　　노무현 대통령의 신행정수도 추진은 지방분권과 국가균형발전을 위한 결단이었다. 행정수도는 청와대, 국회, 정부부처 등 주요 국가기관의 이전을 추진하는 것이다. 서울에 집중된 정치, 경제, 사회 등 기능을 분산하고 인구 밀집을 해소하겠다는 취지였다.

　　노 대통령은 후보 시절 "당선되면 충청권에 행정수도를 건설해 청와대와 중앙부처를 옮기겠다."라고 약속했다. 당시 민주당 내에서는 서울·경기에서 표를 잃을 수 있다며 반대하는 사람들이 있었다. 한나라당은 수도권이 텅 비는 공동화(空洞化)를 초래한다고 공격했다. 그러나 노 대통령은 정치적 손익을 떠나 국가의 미래가 달린 일이라고 생각했다.

　　노 대통령은 당선 직후 신행정수도 도시기본구상을 발표했다. 중앙행정기관을 모두 충청 지역으로 옮기고, 입법·사법·헌법기관은 국회의 동의를 거쳐 결정한다는 내용이었다. 2003년 12월 29일 신행정수도 건설 특별법은 찬성 167인, 반대 13인, 기권 14인으로 통과됐다. 노 대통령은 신년 기자회견에서 "올해 행정수도 입지가 정해질 충청권은 정치와 행정의 중심, 연구개발과 바이오산업의 메카로 거듭날 것이다. 바야흐로 중부권시대가 시작된다. 지방화시대의 비전과 전략이 구체화됨에 따라 수도권은 새로운 성장관리계획을 세우고 있다. 우선 집값, 교통문제, 대기오염 등 과밀로 인한 고통과 고비용 문제를 해결해야 한다. 서울은 국제금융과 비즈니스의 동북아 경제수도로, 경기도는 전자·정보기술(IT) 산업이 주류를 이루는 첨단 경제거점으로, 인천은 동북아 물류와 외국인투자 중심도시로 발전시켜 나갈 것이다."라고 설명했다.

신행정수도건설추진위원회는 충남 공주·연기지구를 최종 입지로 확정됐다. 하지만 2004년 10월 21일 헌법재판소는 신행정수도건설특별법 위헌확인 헌법소원에 대해 8 대 1로 위헌 결정을 내렸다. 재판부는 "헌법에 명문규정은 없어도 서울이 수도라는 사실은 관습헌법으로 인정되는 만큼 수도이전은 헌법 개정 절차를 거쳐야 한다."라고 판시했다. 그렇게 전대미문의 관습헌법 논리에 신행정수도건설특별법이 백지화됐다.

신행정수도후속대책위원회는 11월 18일 행정중심복합도시 건설로 후속대책을 마련했다. 여야는 주요 기관들은 모두 서울에 남기고, 나머지 12부 4처 2청을 이전하기로 합의했다. 행정중심복합도시건설특별법에도 헌법소원이 제기됐으나 헌법재판소는 각하결정을 내렸다. 각하는 소송이 요건을 갖추지 못하거나 청구 내용이 판단 대상이 되지 않는 경우 재판을 끝내는 것이다.

행정중심복합도시는 국민들의 의견수렴 과정을 거쳐 세종시로 결정됐다. 2005년 공공기관의 지방 이전계획이 발표되고, 2007년 1월 혁신도시특별법이 만들어졌다. 노 대통령은 2007년 9월 12일 제주 혁신도시 기공식에서 "참여정부의 균형발전 정책은 모든 국민이 행복하게 살 수 있는 새로운 국토를 조성하기 위한 정책이다. 전국에 펼쳐질 행정중심복합도시, 혁신도시, 기업도시는 지역경제에 새로운 활력이 될 뿐만 아니라 우리 국민에게 수준 높은 생활공간을 제공하게 될 것이다. 하지만 균형발전 정책은 앞으로 위축될 수 있다. 경우에 따라서는 멈춰 버릴 수도 있다. 더 심하면 되돌아갈 수도 있다. 수도권은 막강한 인구와 인재와 부를 갖고 있다. 참여정부 동안에는 균형발전정책의 진행을 막지는 못했지만 앞으로 어떤 일이 일어날지 알 수 없다. 이제 국민 여러분께서 지켜달라. 이 정책을 꼭 지키겠다고 마음먹으면 지킬 수 있다. 지역만의 문제를 논의하기 위한 혁신협의회가 아니라 균형발전을 추진하는 시민조직이 만들어져서 힘을 실어줘야 한다."라고 호소했다.

이명박 정부는 세종시 건설을 재검토하겠다고 선언했다. 그러자 박근혜 한나라당 대표는 국민과의 약속이라며 원안 추진을 주장했고, 이완구 충남도지사는 강하게 반발하며 직을 내려놨다. 2010년 1월 이명박 정부는 세종시를 행정중심복합도시에서 교육 중심의 경제 도시로 바꾸는 수정안을 내놨다. 그해 6월 제5회 지방선거에서 한나라당은 충청도에서 참패했고, 국회에서 세종시 수정안은 부결됐다. 결국 2012년 7월 1일 세종시는 17번째 광역자치단체로 출범했고, 9월 14일부터 중앙행정기관의 이전이 시작됐다.

현재 세종시는 반쪽짜리 행정수도라는 평가를 받는다. 이 역시도 노 대통령이 철학과 뚝심이 없었다면 못 이뤄냈을 성과다. 사실 행정수도 이전은 1960년대부터 논의가 시작됐고, 박정희 전 대통령 역시 충청권 행정수도 건설계획을 추진한 적이 있다. 그러나 정치권은 실익을 따졌고 번번이 무산됐다. 노 대통령은 수도권 과밀화를 해소하지 못하면 대한민국의 미래는 없다고 봤다. 현재 지방소멸은 마치 당연한 것으로 받아들여지고 있다. 늦었지만 이제라도 지방분권이라는 과제를 완성시켜야 한다.

나의 노무현 너의 노회찬 •

09

인내

사진출처: 노무현재단

    노무현 대통령의 탄핵은 대한민국 정치사에서 매우 중요한 의미를 지닌다. 헌정사상 최초로 대통령에 대한 탄핵 소추안이 국회에서 가결된 사건이기 때문이다. 노 대통령에게 63일간의 업무 정지는 인내의 시

PART I 노무현 정신

간이었고, 대통령으로서의 언행을 되돌아보는 계기가 됐다.

노 대통령은 평소 직설적이고 투박한 언어를 사용했다. 정치적 권위보다는 진솔함을 중시했던 탓인데 대통령에게 맞지 않는 화법이라는 지적이 많았다. 탄핵의 빌미를 준 것은 역시나 말이었다. 노 대통령은 2004년 2월 18일 경인지역 6개 언론사와의 합동 기자회견에서 "개헌 저지선까지 무너지면 그 뒤에 어떤 일이 생길지는 정말 말씀드릴 수가 없다."라고 밝혔다. 같은 달 24일에는 방송기자클럽 초청 기자회견에서 "국민들이 총선에서 열린우리당을 압도적으로 지지해 줄 것을 기대한다. 대통령이 뭘 잘해서 열린우리당이 표를 얻을 수만 있다면 합법적인 모든 것을 다하고 싶다."라고 말했다. 당시 새천년민주당을 탈당한 의원들이 만든 열린우리당은 47석의 소수여당이었다.

새천년민주당은 총선을 앞두고 대통령이 선거 중립의무를 위반했다고 총공세를 펼쳤다. 중앙선거관리위원회는 노 대통령이 선거법을 위반했다고 결론을 내렸다. 그러자 새천년민주당은 선거법 위반과 측근비리에 대해 사과하고, 재발방지를 약속하지 않으면 탄핵소추안을 발의하겠다고 엄포를 놨다. 한나라당과 자유민주연합에도 협조를 요청했다. 노 대통령은 사과를 거부했고, 한나라당(108명)과 새천년민주당(51명)이 탄핵소추안을 발의했다. 자유민주연합은 대통령의 사과를 재차 요구했지만 노 대통령은 거부했다.

노 대통령은 3월 11일 특별 기자회견을 열고 남상국 대우건설 사장이 둘째 형인 노건평 씨에게 3000만 원을 건넸다는 의혹에 대해 "좋은 학교 나오고 크게 성공한 분이 시골에 있는 별 볼일 없는 사람에게 가서 머리 조아리고 돈 주고 하는 일이 이제 없으면 좋겠다."라고 말했다. 남 사장은 몇 시간 뒤 한강에 투신했고, 자유민주연합은 탄핵 찬성으로 선회했다.

열린우리당은 대통령 탄핵을 막기 위해 의장석을 점거했다. 3월 12일 오전 3시 50분 야당이 기습했으나 여당의 항전으로 잠시 휴전 상황이 벌어졌다. 국회의장과 야당은 오전 11시 4분 경호대를 동원해 20분도 안 돼 의장석을 탈환됐다. 새천년민주당·한나라당·자유민주연합 195명이 참석했고 찬성 193표, 반대 2표로 가결됐다. 노 대통령의 직무 수행은 정지됐고, 고건 국무총리가 권한을 대행했다.

노 대통령은 탄핵소추안이 통과됐다는 소식을 듣고 헌법재판소의 판결은 정치적 판단과는 다를 것으로 기대한다고 밝혔다. 그는 "지금 이 과정은 새로운 발전과 도약을 위한 진통이라고 생각하고 그저 괴롭기만 한 소모적 진통은 아닐 것이다. 몇 달 뒤 제가 여전히 대통령으로서 여러분께 드린 약속을 이행할 수 있게 되기를 기대한다. 힘이 들지만 주어진 자리에서 최선을 다할 생각이고 결코 좌절하거나 포기하지 않겠다."라고 말했다.

민심은 거대야당과 달랐다. 지상파 방송 3사의 여론조사에서 탄핵안 가결이 잘못됐다는 응답은 MBC 70.0%, KBS 69.6%, SBS 69.3%로 나타났다. 전국에서 탄핵 무효 촛불 집회가 대대적으로 개최됐다. 노 대통령에 대한 동정적인 여론이 형성되고, 4월 15일 제17대 총선에서 열린우리당은 152석을 확보했다. 탄핵을 주도한 새천년민주당은 9석을 차지해 원내 4당으로 추락했다. 박관용 국회의장, 최병렬 한나라당 대표, 조순형 새천년민주당 대표는 정계에서 은퇴했다. 추미애 새천년민주당 선거대책위원장, 김종필 자유민주연합 총재는 낙마했다.

헌법재판소는 5월 14일 노 대통령이 헌법과 법률을 일부 위반했으나 탄핵의 사유가 될 정도로 중대하지는 않다고 판단했다. 노 대통령은 업무에 복구하면서 "대통령 공백이라는 초유의 사태를 조금도 동요하지 않고 차분하게 대처해 나가는 모습을 보면서 저는 우리 국민의 성숙한 시민의식과 민주적 역량에 대해서 굳은 믿음을 갖게 됐다. 지난 두 달 동안 얼마나 걱정이 많으셨느냐. 모든 것이 저의 부족함에서부터 비롯된 것이다. 그럼에도 불구하고 제게 따뜻한 격려와 용기를 보내주시고 다시 책임을 맡겨주신 데 대해서 깊이 감사드린다. 취임할 때보다 더 무거운 책임감을 느끼고 있다. 기대에 어긋나지 않도록 열심히 하겠다. 비록 탄핵에 이르는 사유가 아니었다 할지라도 정치적·도의적 책임까지 모두 벗었다고 생각하지 않는다. 이 자리에서 다시 한번 국민 여러분께 심심한 사죄의 말씀을 올린다."라고 밝혔다.

노 대통령이 열린우리당 지지를 호소한 것은 강력한 집권여당과 권력욕 때문이 아니었다. 낡은 정치를 청산하고, 시대정신을 실현하고 싶은 소망이었다. 그래서 선거법 위반이라는 비판에 대해 끝까지 사과하지 않은 것이다. 이처럼 노 대통령은 정치적 궁지를 모면하기 위해 기회주의적인 행동을 하지 않았다. 그런 지도자에게 나라를 맡기면 대한민국에는 미래가 없다고 생각했다. 노 대통령은 한겨울 추운 날씨 속에서도 생명을 잃지 않고 꽃을 피우는 인동초(忍冬草) 같은 사람이었다. 진보진영에서 또 다른 인동초를 기다려본다.

10

진보

　노무현 대통령에게 열린우리당은 아픈 손가락이다. 민주당계 정당 중 가장 진보적인 정당이었고, 노 대통령은 큰 애정과 기대를 쏟았다. 창당 초기엔 개혁의 희망을, 말기엔 개혁의 좌절을 상징했다. 그렇게 노 대통령은 정치적 이상과 현실의 괴리를 뼈저리게 느꼈다. 열린우리당은 100년 정당을 자임했지만 3년 9개월 만에 역사의 뒤안길로 사라졌다.

　노 대통령 당선 이후 새천년민주당은 동교동계인 구파와 친노계인 신파 사이의 갈등이 시작됐다. 제17대 총선을 앞두고 천정배·신기남·정동영 의원은 당의 외연 확대를 위한 쇄신을 요구했다. 당시 새천년민주당은 호남을 기반으로 하는 기득권으로 인식됐고, 국민들 입장에서는 한나라당과 차별점이 거의 없었다. 신파는 과감한 재창당을 해야 한다고 주장했고, 구파는 동교동계를 배척하기 위한 정치적 술수라며 거부했다. 송영길·우상호·임종석 의원은 두 세력 간 합의를 요구했으나 끝내 무산됐다. 노 대통령은 새천년민주당 내에서 점진적인 개혁을 이루는 것이 더 바람직하다고 생각했지만 개혁세력의 신당 창당 의지는 확고했다. 그렇게 2003년 11월 11일 47명의 의원들이 모여 열린우리당을 창당한다.

　열린우리당의 당명은 개방적 공동체주의를 지향한다는 의미이다. 4

대 강령은 새롭고 깨끗한 정치실현, 중산층과 서민이 잘 사는 나라구현, 더불어 사는 따뜻한 사회건설, 한반도 평화통일이다. 전국 정당을 표방하면서 지역주의 타파를 내걸었다. 노 대통령은 2004년 5월 20일 열린우리당 수석 당원으로 공식 입당을 선언했다. 그는 "예전과 달리 내가 총재가 아니지만 의사소통은 더 활발하게 할 것이다. 정책은 각 부처와 상임위원회에서 잘 협력하면 될 것이다. 아직 지역구도를 극복하지 못했다. 영남지역의 득표율은 국민의 많은 지지를 얻은 것이나 의석에 반영이 안 됐다. 당력이 약한 지역에는 정책적으로 의견을 수렴할 수 있는 구조를 만들고 그 지역 인재를 중히 써서 열린우리당이 전국적인 당의 면모를 갖추게 배려했으면 좋겠다."라고 당부했다.

열린우리당은 다양한 개혁입법을 추진했으나 한나라당의 강한 반대에 부딪쳤다. 참여정부는 국민들의 지지를 서서히 잃어갔고, 열린우리당은 재보궐선거에서 연패를 했다. 그러자 민주당과의 합당을 주장하는 의원들이 연이어 탈당했다. 152석이었던 의석수는 73석으로 줄었고 제2당으로 전락했다. 노 대통령은 2006년 11월 30일 청와대 참모들과 오찬에서 "나는 신당을 반대한다. 말이 신당이지 지역당을 만들자는 것이기 때문이다. 나는 열린우리당을 지킬 것이다."라고 밝혔다. 그러나 선거를 앞두고 대세는 통합으로 기울었다. 2007년 8월 20일 열린우리당은 대통합민주신당과 합쳐졌다.

노 대통령 시절 민주당의 분당과 통합과정은 변증법적 실패라고 볼 수 있다. 독일의 철학자 헤겔은 대립하는 생각이나 상황이 만나서 더 나은 새로운 상태로 발전해 가는 과정을 정반합으로 설명했다. 여기서 정은 현재 상태, 반은 그에 대한 도전, 합은 두 가지를 통합해 더 나은 상태로 나아가는 과정이다. 새천년민주당은 노 대통령을 배출했지만 기득권 정치와 지역주의에서 벗어나지 못했다. 열린우리당은 새천년민주당의 한계를 비판하며 노 대통령의 개혁적 정치 노선을 더 명확히 실현하려는 시도였다. 대통합민주신당은 쪼개졌던 두 정당을 통합해 중도층을 공략하고 정권 재창출을 하려는 의도였다. 그러나 노 대통령이 추구했던 순수한 개혁성은 약화됐고, 호남 기반의 지역주의로 회귀하는 결과를 낳았다. 새 술은 새 부대에 담아야 한다는 말이 있다. 새로운 일을 하려면 과거의 낡은 것은 버리고 완전히 다시 시작해야 한다는 뜻이다. 어쩌면 진보진영에는 노무현 정신을 계승·발전시킬 새 그릇이 필요한지도 모른다.

11

개혁

사진출처: 노무현재단

　제17대 총선에서 건국 이래 처음으로 개혁세력인 열린우리당이 국회에서 단독 과반을 확보했다. 첫 정기국회는 개혁세력의 국정능력을 보여주는 무대였다. 여당은 대통령의 공약이기도 했던 국가보안법, 사립학교법, 과거사진상규명법, 언론관계법 등 4대 개혁법안에 사활을 걸었다. 노무현 대통령에게 있어서도 사실상 개혁의 동력을 밀고 나갈 승부

처였다.

국가보안법 폐지 뒤 형법 보완안은 국가단체 개념을 대신해 형법에 내란목적단체 조항을 신설하는 것이 주요 내용이다. 1948년 제정 이후 반공주의를 내세워 진보진영을 탄압하는 도구로 악용돼왔기 때문이다. 한나라당은 국가 안보를 약화시킨다며 결사반대를 했다.

사립학교법은 사학의 비리와 부패가 만연하다는 지적이 지속적으로 제기되면서 개방형 이사제를 도입하는 것이 골자였다. 이를 통해 사학 운영의 투명성을 높인다는 계획이었다. 한나라당은 사립학교 재단의 사유 재산권 침해라고 반발했다.

과거사진상규명법의 경우 별도기구를 설치해 공권력에 의한 인권침해 사건 등을 다루도록 했다. 이는 일제 강점기, 한국전쟁, 군사독재 등을 거치며 많은 국가 폭력과 억울한 희생이 있기 때문에 민주화의 필수 과제였다. 2005년 12월 진실과 화해를 위한 과거사정리위원회(진실화해위)가 출범하면서 일정 성과를 냈으나 과거사 청산은 현재 진행형이다.

언론관계법은 신문법, 방송법, 언론피해구제법 등이다. 신문·방송법은 점유율이 1개사 30%, 3개사 60%를 넘을 경우 시장지배적 사업자로 규정해 제재하는 내용을 담고 있었다. 과거 정치권과 재벌의 영향력 아래 언론이 놓여 공정성과 독립성을 상실했던 상황을 방지하겠다는 생각이었다. 그러나 그해 신문법만 처리됐고 나머지는 통과되지 못했다.

노 대통령은 국회에서 입법에 필요한 절차를 밟고, 여야 간 대립을 최소화하기 길 바랐다. 김종민 청와대 대변인은 2004년 10월 18일 기자간담회에서 "입법이 필요한 현안에 대해서는 대통령이 이미 기본원칙과 생각을 밝힌 바 있으며 구체적 법안 내용은 당에서 전적으로 알아서 판단하고 야당과 협의하는 것이다. 대통령이 개별 법안에 대해 마음에 든다거나 안 든다는 말을 한 적이 없고 입장을 따로 말할 계획도 없다."라고 말했다.

노 대통령의 신중한 접근에도 국회에서 개혁입법은 끝내 좌절됐다. 그러자 열린우리당은 사분오열(四分五裂)의 상황에 놓였다. 개혁 대 실용이라는 모호한 정체성 논쟁을 벌였고, 108명의 초선의원들은 자신의 목소리를 내기만 바빴다. 총선 이후 50% 가까웠던 지지율은 2년여 만에 10%대로 떨어졌다. 2005년 이후 재·보궐선거에서는 40대 0이라는 처참한 패배를 했다. 결국 당내 갈등은 걷잡을 수 없는 상황에 이르렀고, 임종인·이계안·최재천·천정배·염동연·정성호·김한길·강봉균 등이 탈당을 감행했다.

지금 되돌아봐도 4대 개혁법안의 대의는 누구든지 공감할 수 있다. 문제는 과정이다. 혁명보다 어려운 것이 개혁이다. 열린우리당은 통합의 리더십을 보여주지 못했고, 사회적 합의를 이끌어 내기 위한 준비가 부족했다. 야당과의 협치도 전혀 없었다. 이 때문에 당시 박근혜 한나라당 대표만 반사이익을 얻었다. 박 대표는 4대 악법을 막겠다며 장외투쟁을 불사했고, 유력한 대선주자로 떠올랐다.

이제 열린우리당의 실수를 반복해서는 안 된다. 이해찬 대표가 강조했던 국민 앞에 오만이 아닌 겸손을, 성급함이 아닌 신뢰감을 되짚어봐야 한다. 이 대표는 2020년 4월 17일 '제21대 국회 당선자 여러분에게'라는 제목의 서신을 통해 "열린우리당은 국민이 원하시는 것을 생각하지 않고 우리 생각만을 밀어붙였다. 일의 선후와 경중과 완급을 따지지 않았고 정부와 당보다는 나 자신을 내세웠다. 그 결과 우리는 제17대 대선에 패했고 뒤이은 제18대 총선에서 겨우 81석의 나락으로 떨어졌다. 우리는 이 교훈을 잊지 말아야 한다. 일을 잘하기 위해서는 치밀하되 과감해야 하며, 야당과의 건전한 경쟁과 협력의 통합적 관계를 이뤄내야 한다."라고 조언했다. 이 말을 되새겨야 하는 순간이다.

12

연정

"한나라당은 극복 대상이 아니라 파트너이다."

노무현 대통령은 연합정치의 꿈이 있었다. 서로를 깎아내리기에만 혈안이 돼있는 한국정치에서 실질적인 대안을 고민한 것이다. 실제 노 대통령 취임 직후 여소야대 정국에서 입법적 뒷받침을 받을 수 없었다. 한나라당은 대북송금특검법안을 단독 처리했고, 김두관 행정자치부 장관 해임건의안 통과시켰다. 그렇게 노 대통령을 프랑스식 동거정부에 대해 공부하고 생각했다.

노 대통령은 2003년 4월 2일 국회 시정연설에서 "특정 정당이 특정 지역에서 3분의 2 이상의 의석을 차지할 수 없도록 선거법을 개정한다면 17대 국회에서 과반수 의석을 차지하는 정당 또는 정치 연합에게 내각의 구성 권한을 이양하겠다."라고 운을 뗐다. 그러나 정치권과 국민들에게는 어떠한 반향도 없었다.

열린우리당은 총선에서 과반을 차지했지만 기쁨은 1년도 가지 못했다. 2005년 4월 재보궐선거에서 열린우리당은 참패하면서 여소야대 국면을 맞이했다. 당시 노 대통령은 대연정 구상을 참모들과 논의했는데 반대하는 사람은 거의 없었다. 이후 이해찬 총리, 문희상 열린우리당 의장, 정동영 통일부 장관, 문재인 민정수석 등 당·정·청 핵심인사들이 모였을 때 이야기를 꺼냈는데 제대로 된 토론이 되지 않은 상태에서 언론보도가 먼저 나가 버렸다.

노 대통령은 열린우리당 당원들에게 공개서한을 보냈다. 그는 "왜 연정을 하느냐고 묻는 사람들이 많다. 이에 대해 저는 세계 여러 나라가 다 연정을 하고 있는데 왜 유독 우리는 연정 이야기만 나오면 펄쩍 뛰는가라고 되묻고 싶다. 정당끼리 손을 잡고 협력한다고 하면 2중대니 밀실야합이니 하며 비난부터 하고 보는 사람들이 있다. 공작정치와 야합정치가 판을 치던 독재시대의 기억이 아직도 남아 있어서인 듯하다. 그러나 이미 세상은 많이 달라졌다. 우리도 이제 정상적인 생각으로 정상적인 정치를 할 때가 됐다."라고 밝혔다.

노 대통령은 "연정 이야기를 하는 것은 우리 정치의 여소야대 구조 때문이다. 여소야대는 정상적인 정치구조가 아니다. 세계 어느 나라에서도 여소야대의 구조로 국정을 운영하는 사례가 없다. 여소야대 구조로는 국정을 제대로 운영할 수가 없기 때문이다. 우리나라에서도 1988년 이래 여러 차례 여소야대 정치의 실험을 해왔지만 모두 성공하지 못했다. 결국 역대 정권 모두 3당 합당이나 정계개편으로 여소야대의 구조를 해소해 버렸다. 여소야대로는 국정운영이 어렵다는 것을 증명한 셈이다. 연정을 한다면 열린우리당과 소수야당의 전부나 일부가 참여해 정권을 구성하는 것이 가장 자연스러운 형태가 될 것이다. 그러나 그 밖에도 두 가지의 조합이 더 있을 수 있다. 하나는 야당이 모두 손을 잡아 원내 과반수를 확보해 프랑스식의 동거정부를 구성하는 것이고, 다른 하나는 열린우리당이 한나라당을 포함한 야당과 손잡아 대연정을 만드는 것이다."라고 설명했다.

노 대통령은 KBS 국민과의 대화에서 대연정을 공식 제안했다. 그는

"정치지도자들이 지금 우리가 풀어야 될 문제들을 머리를 맞대고 풀어 나가는 것이 중요한 것이지, 위헌이고 아니고 하는 형식논리로 게임하면 안 된다. 연정 제안은 음모가 없으며 연정을 받기 싫으면 이 분열구도 극복을 위한 정치협상이라도 하고, 연정이 위헌이면 선거제도에 대한 협상을 하자는 것이 한나라당에 대한 요구다. 구조적으로 노태우 대통령 정부부터 지금까지의 정부가 계속해서 약체정부이다. 여소야대가 구조화돼 있고, 지역구도이기 때문에 그런 것이며, 약체정부가 구조화된 구조를 고치지 않고는 중요한 일을 할 수가 없다. 한나라당은 극복의 대상이 아니라 대화의 상대이고 정책조율하고 합의하고 할 수 있는 파트너이며 그것이 국민들의 뜻이다. 국민들이 한나라당에 약 30% 가까운 지지를 보내고 있는데 파트너가 아니라고 말할 수 없으며, 네 마음대로 하지 말고 한나라당과 앞으로 가급적이면 많은 문제에 대해 의논하라고 명령을 받았던 것이다."라고 강조했다.

노 대통령은 "저의 국정운영에 대한 국민적 지지도는 엊그제 발표로 29%이다. 책임정치를 하는 나라에서 이 지지도를 갖고 국정을 계속해서 운영하는 것이 과연 맞는가, 국정이 제대로 수행될 수 있을 것인가 하는 문제를 검토해 볼 필요가 있다. 우리 정치제도가 내각제가 아니어서 국회를 해산하고 총선을 통해서 재신임을 물을 수 있는 방법도 없고, 국민적 지지·여론조사 결과를 갖고 대통령직을 불쑥 내놓는 것이 맞는 것인지 확신이 없어 고심하고 있다. 나는 29% 짜리 대통령과 함께 우리의 미래를 걱정해야 되는가 하는 것에 대해 국민적 토론이 필요하다고 생각한다."라고 말했다.

대연정 제안을 한나라당, 민주당 등 야당은 완전히 무시했다. 열린우리당과 지지자들조차도 이해할 수 없다는 반응이 많았다. 연립정부 구성은 합당과 다르고, 권력과 선거구제를 주고받는 협상이 가능하다고 봤지만 현실은 달랐다. 노 대통령의 구상은 완전히 실패했고, 여당과의 관계마저 악화됐다. 어쩌면 그때보다 지금의 한국정치의 상황이 더 좋지 않다. 양당 간의 첨예한 갈등이 도를 넘고 있다. 정치는 실종됐고 무조건적인 반대만이 존재한다. 통합을 이야기하는 정치지도자는 없다. 결국 노무현 정신을 계승한다면 제도적으로 연합정치 시스템 구축해야 한다. 현행 대통령제와 소선거구제의 역사적 소임은 오래전에 끝났다.

13

현실

사진출처: 노무현재단

    노무현 대통령은 우리 사회의 비정규직 문제와 노동시장 양극화를 해결하려는 의지가 강했다. 비정규직 노동자들은 낮은 임금, 불안정한 고용 환경, 복리후생 부족 등 문제를 겪고 있었다. 비정규직보호법은 1997년 외환위기 이후 급격히 늘어난 기간제, 파견, 도급 등 노동자의 고용 안정성을 강화하기 위한 법적 장치였다.

노 대통령은 2004년 3월 4일 노동부 업무보고에서 비정규직 대책을 보고받았다. 그는 "시장의 활력을 살리면서도 노동자들이 미래에 대해 불안감을 느끼지 않고 차별받지 않는 성공적인 모델을 만들어야 한다. 비정규직 문제에 대해 정부가 합리적인 해결의 준거와 방향을 제시해야 한다. 이를 위해 공공부문에서 모범적인 사례를 만들어 나가야 한다." 라고 말했다.

비정규직 보호법은 2006년 11월 30일 국회에서 통과됐다. 해당 법률은 근로자 100인 이상 기업에 적용되고, 2년간 근무할 경우에 정규직으로 전환하는 것이 핵심이다. 그러나 진보정당과 노동계에서는 비정규직 채용이 줄어들어 노동자들이 피해를 볼 것이고, 2년 이하의 노동자에 대한 대량 해고를 낳을 것이라고 비판했다.

노 대통령은 신년 연설에서 "우리 사회 양극화 문제가 심각하며 이를 해결하기 위해 좋은 일자리를 많이 만들어 나가겠다. 비정규직 보호법이 국회에서 조속히 처리돼야 하며, 쟁점 현안에 대해 경제계와 노동계의 결단이 필요하다."라고 촉구했다.

비정규직 보호법의 취지와 달리 악용하는 기업들이 나타났다. 대표적으로 이랜드 사태가 있다. 통상 유통업체의 경우 계산원들을 계약직으로 채용해왔다. 정규직으로 채용할 경우 인건비가 늘어나기 때문이다. 이랜드는 2007년 7월 1일 법 시행을 앞두고 비정규직 노동자들을 대거 해고했다. 계열사인 뉴코아의 비정규직 계산원을 외주로 돌렸고, 홈에버의 비정규직 절반가량을 계약 해지했다.

천호선 청와대 대변인은 7월 19일 정례브리핑에서 이랜드 사태에 대해 "노동부 등 관계부처가 협의해 대처할 것이다. 비정규직 보호법이 실행되면 문제가 발생할 것이라는 지적이 있었다. 그러나 정부 입장은 문제가 없을 것이라는 게 아니라 양면을 갖고 있는데 초기에 어떻게 운영하느냐가 중요하다는 것이다. 부정적 사례도 무시해서는 안 되지만 긍정적 사례들도 많다. 이 부분의 제도 개선에 대해서는 노동부가 현재 점검·검토하고 있는 것으로 알고 있다."라고 말했다.

당시 많은 사람들이 노 대통령에 대해 '좌측 깜빡이를 켜고 우회전을 한다'라고 지적했다. 그러나 말로 하는 비판은 쉽지만 현실은 냉혹하다. 진보정당이 집권한다고 무조건적으로 노동자 편에서 정책을 펼 수는 없다. 당연히 진보적 이상과 현실의 간극은 있을 수밖에 없다. 비정규직 보호법은 당시 구조적 제약 속에서 노동시장 이중구조를 완화하기 위한 현실적 해법이었다. 기업의 경쟁력을 유지하면서도 비정규직 노동자들에게 최소한의 법적 보호를 해주는 타협안이었다. 물론 노 대통령의 평등과 정의를 향한 비전과 달리 현실에서는 제대로 작동하지 않았던 측면이 있다. 그러나 비정규직 문제가 국가적 의제화가 됐고, 각 정부마다 비정규직 노동자에 지속적으로 관심을 갖는 신호탄이 됐다.

14

국익

　노무현 대통령 취임 첫해 혼돈의 국제정세가 시작됐다. 2003년 1월 북한은 핵확산금지조약(NPT) 탈퇴를 선언했다. 미국은 즉각 제재와 봉쇄정책을 펼쳤고, 일각에선 핵시설 포격 이야기까지 나왔다. 결국 북핵 문제는 국제연합(UN) 안전보장이사회에 회부됐다. 노 대통령은 개인적으로 명분을 가장 중시했지만 대통령으로 국가의 이익을 최우선으로 생각했다.

　그해 3월 20일 이라크 전쟁이 발발했다. 미국은 우리나라에 전투병 파병을 요청했다. 노 대통령은 같은 달 26일 육군3사관학교 제38기 졸업 및 임관식에서 "이라크 전쟁이 발발함에 따라 세계의 안보정세가 긴박해지고 있다. 정부는 미국의 입장에 지지를 표명하고 건설공병과 의무부대를 파병하기로 했다. 이러한 결정은 명분이나 논리보다는, 북핵 문제를 슬기롭게 풀어나감으로써 한반도의 평화를 유지해야 한다는, 대단히 전략적이고도 현실적인 판단에 기초한 것이다. 한미 간의 신뢰가 더욱 돈독해질 때 우리는 북핵 문제의 해결과 북미 관계의 개선에 결정적 역할을 할 수 있는 토대를 갖추게 될 것이다."라고 설명했다.

　노 대통령은 "최근 일각에서 이라크 전쟁 이후 미국의 대북 공격 가능성이 거론되고 있다. 그러나 이는 전혀 근거가 없는 것이다. 미국의 책임 있는 당국자들은 한결같이 북핵 문제의 평화적 해결 원칙을 수차례에 걸쳐 우리 정부에 밝혀왔다. 이라크 사태와 북핵 문제는 분명히 그 성격이 다르다. 북핵 문제에 대응하는 과정에서는 우리 국민과 정부의 의지가 미국의 정책선택에 결정적인 역할을 할 것이다. 적어도 한반도에서 우리가 원하지 않는 전쟁은 없을 것이다. 이를 관철해 내기 위해서도 우리는 한·미·일 공조체제를 더욱 공고히 유지해야 한다. 이러한 현실적 판단을 바탕으로 정부는 이라크전 파병을 결정하게 됐다. 무엇보다 한반도의 평화정착을 최우선 순위로 고려한 것이다."라고 강조했다.

이라크 전쟁 자체에 대한 반대 여론이 높았다. 당시 청와대 고위관계자에 따르면 2004년 3월 29일 전국 성인남녀 1500명을 상대로 실시한 전화조사 결과 미국의 대 이라크전 개전에 대해 반대한다는 응답은 86.3%에 달했다. 국익을 위해 이라크전 파병이 필요하다는 54.9%, 명분 없는 침략전쟁에 우리 군대를 파병하는 것이므로 반대한다는 42.6%로 집계됐다.

노 대통령은 직접 설득에 나섰다. 그는 4월 2일 국회 국정연설에서 "많은 의원님들과 국민들이 파병을 반대하고 있다. 가장 큰 이유는 이번 전쟁이 명분이 없다는 것이다. 또 우리가 파병을 할 경우 장차 미국이 북한을 공격하려 할 때 이를 반대할 명분이 없어진다는 것이다. 명분론을 전제로 한 현실론이다. 그렇다. 명분은 중요하다. 앞으로 세계질서도 힘이 아닌 명분에 의해서 움직여야 한다. 명분에 의해서 움직여 가는 시대가 와야 한다. 그러나 유감스럽게도 아직은 명분이 아니라 현실의 힘이 국제정치를 좌우하고 있다. 국내정치에서도 명분론보다는 현실론이 더 큰 힘을 발휘하고 있다."라고 밝혔다.

노 대통령은 "저는 명분을 중시해 온 정치인이다. 정치역정의 중요한 고비마다 불이익을 감수하면서도 명분을 선택해 왔다. 그래서 때로는 지나치게 이상을 추구한다는 비판을 듣기도 했다. 심지어는 정치인으로서의 자질을 의심받기도 했다. 1990년 3당 합당 때도 그랬고, 1995년 통합민주당이 분당될 때도 그랬다. 그런 제가 파병을 결정했다. 저의 결정에 나라와 국민의 운명이 달려 있기 때문이다. 저에게는 국민 여러분의 안전을 지켜야 할 책임이 있다. 전쟁을 막아야 할 책임이 있다. 명분을 앞세워 한미관계를 갈등관계로 몰아가는 것보다 오랫동안의 우호관계와 동맹의 도리를 존중해 어려울 때 미국을 도와주고 한미관계를 돈독히 하는 것이 북핵 문제를 평화적으로 해결하는 데 훨씬 도움이 될 것이라는 결론을 내렸다. 마음을 하나로 모아 달라. 저를 믿고 제게 힘을 모아 달라. 한반도의 평화는 반드시 지켜내겠다. 그리고 평화와 번영의 동북아시대를 반드시 성공시켜 내겠다."라고 말했다.

 노 대통령은 비전투병 파병을 관철시켰고, 국회에서 파병 동의안이 가결됐다. 국군 건설공병단은 서희부대, 의료지원단은 제마부대로 명명됐다. 그러나 미국은 전투병 추가 파병을 요구했고, 시민사회의 반대는 거세졌다. 미국은 전투병 1만 명을 제안했지만 평화 재건 임무 지원병력 3000명으로 최종 합의했다. 노 대통령은 자서전 '운명이다'를 통해 "이라크 파병은 옳지 않은 선택으로 역사에 기록될 것이다. 당시에도 그렇게 생각했고 지금도 그렇게 생각한다. 옳다고 믿어서가 아니라 대통령을 맡은 사람으로서는 회피할 수 없는 선택이라서 파병한 것이다. 때로는 뻔히 알면서도 오류의 기록을 역사에 남겨야 하는 대통령의 자리, 참으로 어렵고 무거웠다. 한 가지는 분명하게 말하고 싶다. 어쩔 수 없이 보내기는 했지만 최선을 다해 효과적인 외교를 했다."라고 적었다.

 노 대통령은 12월 8일 국군 자이툰 사단이 주둔 중인 이라크 북부 아르빌을 전격 방문해 작전 중인 장병들을 격려했다. 노 대통령은 프랑스 방문을 마친 뒤 귀국길에 쿠웨이트를 경유해 미리 대기 중이던 한국 공군의 C-130군용기로 아르빌로 이동했다. 노 대통령은 장병 600여명과 함께 조찬을 한 뒤 내무반, 자이툰병원 등 부대 내 주요 시설도 둘러봤다. 노 대통령은 "처음 파병할 때 명분·국익·안전 문제로 고심을 많이 했다. 장병 여러분의 땀과 노력이 대한민국의 외교력이고, 또 다른 힘이 된다."라고 밝혔다.

이라크 파병은 우리나라가 외교·안보적 도전에 놓이면서 이뤄진 어려운 선택이었다. 노 대통령은 원칙과 현실 사이의 균형을 모색했고, 한미 간의 신뢰를 공고히 했다. 진보정치가 간과하면 안 되는 것이 국제정치는 힘의 논리가 작용한다는 것이다. 어떤 사안이든 단순 명료하지 않다. 각국의 이해관계가 얽히고설켜 있다. 이라크 전쟁이 명분 없는 전쟁이라는 것을 알면서도 우리나라가 도덕적 비판을 기꺼이 감수해야 했던 이유다. 당연히 평화를 추구해야 하는 것은 맞지만 국가의 정책은 또 다른 문제다.

15

실리

사진출처: 노무현재단

　노무현 대통령에게 있어 한미자유무역협정(FTA)은 대한민국 경제의 실리를 위한 선택이었다. 그러나 진보진영과 많은 지지자들이 등을 돌린 사건이었다. 노 대통령은 세계경제의 흐름을 봤을 때 자유무역은 피할 수 없다고 봤다. 세계시장에서 글로벌기업들과 경쟁하려면 한 발이라도 앞서가야 한다고 생각했고, 어느 정도의 불확실성은 감안해야 하는 상황이었다.

노 대통령은 2006년 신년연설에서 "미래를 위해서 꼭 필요한 일은 반드시 하겠다. 뒤로 미루지 않겠다. 어떤 어려움이 있더라도 책임 있게 해나가겠다. 개방문제는 거역할 수 없는 대세이다. 적극적으로 대처해서 우리 경제를 선진화하는 기회로 삼아나가겠다. 그동안 여러 나라와 자유무역협정을 추진해 왔다. 우리 경제의 미래를 위해서 앞으로 미국과도 FTA를 맺어나가야 한다. 지금 대화를 시작했다. 조율이 되는 대로 협상을 시작하도록 하겠다."라고 밝혔다.

1989년 미국 국제무역위원회(USITC)의 '아태지역국가들과의 FTA 체결에 대한 검토 보고서'에서는 미국에게 바람직한 FTA 대상 국가로 한국, 싱가포르, 중국이 꼽혔고 이때부터 논의가 시작됐다. 한미 FTA는 2006년 2월 3일 협상 출범을 공식 선언한 후 2007년 4월 2일 최종 타결됐다. 상품 분야에서는 전체 94% 수준의 수입량에 대해 관세를 조기 철폐(즉시 또는 3년 이내 철폐)하기로 했다.

서울과 워싱턴을 오간 공식 협상만 8차례, 14개월이라는 시간은 국내 반대여론이 강했기 때문이다. 극단적 진보주의자들은 1980년대의 '외채국망론'을 들고 나왔다. 과거 국제통화기금(IMF) 외환위기 사태의 원인이 개방을 했기 때문이라는 것이다. 이들은 세계무역기구(WTO), 경제협력개발기구(OECD) 가입도 반대해 왔다. 직설적으로 이야기하면 우리나라가 자유무역을 추구하지 않았다면 세계 10위권의 경제력은 갖출 수 없었다. 한미 FTA에 대한 소수의견은 존중하지만 모두를 만족시키는 협상 결과는 없다. 불이익을 받는 국민들이 있으면 국가가 보상하고, 부작용을 최소화하는 길을 찾으면 된다.

한미 FTA 반대론자들의 굴욕적 협상이라는 평가는 명백한 오해다. 당시 미국은 미국산 소고기 수입 재개, 건강보험약가 제도 현행 유지, 영화 스크린쿼터 축소, 자동차 배기가스 기준 적용 유예 등 4대 선결조건을 제시한 것은 맞지만 협상 테이블에 올라올 수밖에 없는 사안들이었다. 노 대통령은 자서전 '운명이다'에서 "네 가지 문제와 관련해 국익을 해치는 어떤 부당한 양보도 한 적이 없다. 협상 개시를 조건으로 삼아 미리 양보한 것은 없다. 이것이 진실이다. 소고기는 30개월 미만 뼈 없는 살코기만 통관하는 쪽으로 이미 합의가 돼 있었다. 보험급여 제외 의약품목록에 들지 않은 모든 의약품에 대해 급여를 하는 제도에서 가격과 효능이 인정된 의약품 목록에 한정에 보험급여를 하는 제도로 전환한 것이다. 스크린쿼터와 자동차 배기가스 기준 문제 역시 어차피 양국 간에 논의할 수밖에 없는 문제였다. 내가 대통령으로 있던 대한민국은 굴욕 외교를 하는 나라가 아니었다."라고 회고했다.

노 대통령은 6월 12일 인터넷 포털사이트 대표 오찬에서 "FTA도 찬반이 다 있지만, 개방하고 교류했던 나라는 망한 나라도 있고, 흥한 나라도 있지만 개방 않고 교류하지 않은 나라 중에는 흥한 나라가 없다."라고 강조했다. 그는 7월 14일 국민경제자문회의에서는 "FTA 추진은 대통령으로서 다음 세대를 고민하고 내린 결단이다. FTA의 손익계산서에서 이익은 도외시한 채 손실부분만 잘라서 이야기하는 것은 공정한 사실을 알리는 것은 아니다."라고 말했다.

한미 FTA는 우리나라 기업들이 세계시장에서 우위를 점하는 교두보가 됐다. 노 대통령 입장에서는 떨어지는 지지율을 생각하면 중단했어야 맞다. 하지만 단기적인 정치적 유불리보다 국가의 미래를 우선시한 신념이 빛을 발했다. 포퓰리즘의 시대다. 금융투자소득세, 상법개정안, 가상자산과세 등 국민 여론에 정책과 당론이 오락가락한다. 사회적 의견 수렴이 중요하지만 절대적인 잣대가 될 수는 없다. 우리에게는 역사의 진보를 위해 멀리 내다보고 큰 그림을 그릴 줄 아는 리더가 필요하다.

16

주권

　우리나라는 독도 문제에 대해 조용한 외교를 추구한다. 독도가 분쟁지역이 아닌 대한민국 영토임을 강조하고, 국제적인 논쟁화를 막기 위한 전략이다. 그러나 일본의 반복적 도발과 역사 왜곡은 명백한 주권 침해이기에 적절한 대응이 필요한 때가 있다. 국가는 주어진 영토 내에서 물리적 강제력의 정당한 행사를 독점하는 정치공동체이다. 국가는 영토, 국민, 주권으로 구성된다. 주권은 국가의 의사를 최종적으로 결정하는 권력이다. 내부적 주권은 영토 내에서 법을 만드는 권한을, 외부적 주권은 국제적으로 인정되는 영토적 관할권을 뜻한다. 이러한 관점에서 2006년 4월 25일 노무현 대통령의 '최근 한일관계에 대한 대통령 특별담화'는 강력한 주권수호 의지를 보여준 명연설로 평가된다.

　노 대통령은 "존경하는 국민 여러분 독도는 우리 땅이다. 그냥 우리 땅이 아니라 40년 통한의 역사가 뚜렷하게 새겨져 있는 역사의 땅이다. 독도는 일본의 한반도 침탈과정에서 가장 먼저 병탄됐던 우리 땅이다. 일본이 러일전쟁 중에 전쟁 수행을 목적으로 편입하고 점령했던 땅이다. 러일전쟁은 제국주의 일본이 한국에 대한 지배권을 확보하기 위해 일으킨 한반도 침략전쟁이다. 일본은 러일전쟁을 빌미로 우리 땅에

군대를 상륙시켜 한반도를 점령했다. 군대를 동원해 왕궁을 포위하고 황실과 정부를 협박해 한일의정서를 강제로 체결하고 토지와 한국민을 마음대로 징발하고 군사시설을 마음대로 설치했다. 우리 국토의 일부에서 일방적으로 군정을 실시하고, 나중에는 재정권과 외교권마저 박탈해 우리의 주권을 유린했다. 일본은 이런 와중에 독도를 자국영토로 편입하고 망루와 전선을 가설해 전쟁에 이용했던 것이다. 그리고 한반도에 대한 군사적 점령상태를 계속하면서 국권을 박탈하고 식민지 지배권을 확보했다."라고 밝혔다.

노 대통령은 "지금 일본이 독도에 대한 권리를 주장하는 것은 제국주의 침략전쟁에 의한 점령지의 권리, 나아가서는 과거 식민지 영토권을 주장하는 것이다. 이것은 한국의 완전한 해방과 독립을 부정하는 행위이다. 또한 과거 일본이 저지른 침략전쟁과 학살, 40년간에 걸친 수탈과 고문, 투옥, 강제징용 심지어 위안부까지 동원했던 그 범죄의 역사에 대한 정당성을 주장하는 행위이다. 우리는 이것을 용납할 수 없다. 우리 국민에게 독도는 완전한 주권회복의 상징이다. 야스쿠니 신사참배, 역사교과서 문제와 더불어 과거 역사에 대한 일본의 인식, 그리고 미래의 한일관계와 동아시아 평화에 대한 일본의 의지를 가늠하는 시금석이다. 일본이 잘못된 역사를 미화하고 그에 근거한 권리를 주장하는 한 한일 간에 우호관계는 바로 설 수 없다. 일본이 이들 문제에 집착하는 한 우리는 한일 간의 미래와 동아시아 평화에 대한 일본의 어떤 수사도 믿을 수가 없을 것이다. 어떤 경제적인 이해관계도 그리고 문화적인 교류도 이 벽을 녹이지는 못할 것이다."라고 말했다.

노 대통령은 "한일 간에는 아직 배타적 경제수역의 경계가 획정되지 못하고 있다. 이는 일본이 독도를 자기 영토라고 주장하고 그 위에서 독도 기점까지 고집하고 있기 때문이다. 동해해저 지명문제는 배타적 경제수역 문제와 연관돼 있다. 배타적 수역의 경계가 합의되지 않고 있는 가운데 일본이 우리 해역의 해저 지명을 부당하게 선점하고 있으니 이를 바로잡으려고 하는 것은 우리의 당연한 권리이다. 일본이 동해 해저 지명문제에 대한 부당한 주장을 포기하지 않는 한, 그리고 배타적 경제 수역에 관한 문제도 더 미룰 수 없는 문제이다. 결국 독도문제도 더 이상 조용한 대응으로 관리할 수 없는 문제가 됐다. 독도를 분쟁 지역화 하려는 일본의 의도를 우려하는 견해가 없지는 않으나 우리에게 독도는 단순히 조그만 섬에 대한 영유권의 문제가 아니라 일본과의 관계에서 잘못된 역사의 청산과 완전한 주권확립을 상징하는 문제이다. 공개적으로 당당하게 대처해 나가야 할 일이다."라고 밝혔다.

노 대통령은 "이제 정부는 독도에 대한 대응방침을 전면 재검토하겠다. 독도문제를 일본의 역사교과서 왜곡, 야스쿠니 신사 참배문제와 더불어 한일 양국의 과거사 청산과 역사인식, 자주독립의 역사와 주권 수호의 차원에서 정면으로 다뤄 나가겠다. 물리적인 도발에 대해서는 강력하고 단호하게 대응해 나갈 것이다. 세계 여론과 일본 국민에게 일본 정부의 부당한 처사를 끊임없이 고발해 나갈 것이다. 일본 정부가 잘못을 바로 잡을 때까지 전국가적 역량과 외교적 자원을 모두 동원해 지속적으로 노력해 나갈 것이다. 그 밖에도 필요한 모든 일을 다 할 것이다. 어떤 비용과 희생이 따르더라도 결코 타협하거나 포기할 수 없는 문제이기 때문이다. 저는 우리의 역사를 모독하고 한국민의 자존을 저해하는 일본 정부의 일련의 행위가 일본 국민의 보편적인 인식에 기초하고 있는 것은 아닐 것이라는 기대를 가지고 있다. 한일 간의 우호관계 나아가서는 동아시아의 평화를 위태롭게 하는 행위가 결코 옳은 일도, 그리고 일본에게 이로운 일도 아니라는 사실을 일본 국민도 잘 알고 있을 것이기 때문이다. 우리가 감정적 대응을 자제하고 냉정하게 대응해야 하는 이유도 여기에 있다."라고 말했다.

노 대통령은 "일본국민과 지도자에게 간곡히 당부한다. 우리는 더 이상 새로운 사과를 요구하지 않는다. 이미 누차 행한 사과에 부합하는 행동을 요구할 뿐이다. 잘못된 역사를 미화하거나 정당화하는 행위로 한국의 주권과 국민적 자존심을 모욕하는 행위를 중지해 달라는 것이다. 한국에 대한 특별한 대우를 요구하는 것이 아니라 국제사회의 보편적인 가치와 기준에 맞는 행동을 요구하는 것이다. 역사의 진실과 인류사회의 양심 앞에 솔직하고 겸허해지기를 바라는 것이다. 일본이 이웃나라에 대해서 나아가서는 국제사회에 이 기준으로 행동할 때 비로소 일본은 그 경제의 크기에 알맞은 성숙한 나라, 나아가서는 국제사회에서 주도적인 역할을 할 수 있는 국가로 서게 될 것이다."라고 밝혔다.

노 대통령은 "우리는 식민지배의 아픈 역사에도 불구하고 일본과 선린우호의 새로운 역사를 쓰기 위해서 부단히 노력해왔다. 양국은 민주주의와 시장경제라는 공통의 지향 속에 호혜와 평등, 평화와 번영이라는 목표를 향해 전진해 왔고 또 큰 관계발전을 이뤘다. 이제 양국은 공통의 지향과 목표를 항구적으로 지속하기 위해서 더욱더 노력해야 한다. 양국 관계를 뛰어넘어 동북아시아의 평화와 번영, 나아가서는 세계평화와 번영에 함께 이바지해야 한다. 그러기 위해서는 과거사에 대한 올바른 인식과 청산, 주권의 상호 존중이라는 신뢰가 중요하다. 일본은 제국주의 침략사의 어두운 과거로부터 과감히 떨쳐 일어나야 한다. 21세기 동북아의 평화와 번영, 나아가 세계평화를 위한 일본의 결단을 기대한다."라고 말했다.

독도 담화는 영토와 주권 문제에 있어 결코 양보하지 않는다는 원칙을 보여준다. 또한 일본의 도발에 대응해 국민적 자존감을 회복시키고, 전 국민적 연대 의식을 강화했다. 아울러 독도가 단순한 영토 문제가 아니라 일제 식민 지배와 연결된 역사적 상징이라는 점을 재확인시켰다.

　현재 국제사회에서 우리나라의 위상은 적어도 강대국에 휘둘리지 않고, 원칙을 지켜나갈 정도는 된다. 미국과 중국에 끌려갈 것이 아니라 우리가 원하는 상황을 스스로 만들어 나가는 적극적 주도자가 돼야 한다. 우리의 주권과 관련된 사항이라면 그것이 미국, 중국, 일본뿐만 아니라 그 어떠한 나라를 상대로 하더라도 똑같은 잣대를 적용하며 입장을 분명하게 표명해야 한다. 그렇게 대한민국의 외교적 리더십을 발휘할 수 있는 지도자가 필요한 시점이다.

17

평화

사진출처: 노무현재단

　노무현 대통령은 2007년 10월 2일 대한민국 국가 원수로는 처음으로 걸어서 군사분계선을 넘어 평양에 도착했다. 2000년 6월 제1차 남북정상회담에 이은 제2차 남북정상회담의 서막이 열리는 순간이었다. 참여정부는 정확한 예측을 토대로 남북 간의 신뢰를 쌓는다는 기조를 유지했다. 북한의 도발과 미국의 강경대응을 절제시키고 상황을 관리했다. 모든 정책은 한반도 평화에 초점을 맞췄다.

노 대통령은 첫날 '서울 출발 대국민 인사'를 통해 "저는 오늘부터 사흘간 평양을 방문한다. 취임 전후의 긴박했던 상황을 생각해보면 이제 한반도 정세나 남북관계가 정상회담을 열 수 있을 만큼 변화했다는 사실이 참으로 다행스럽고 기쁘다. 이번 정상회담은 좀 더 차분하고 실용적인 회담으로 이끌어가고 싶다. 지난 정상회담이 남북관계의 새 길을 열었다면 이번 회담은 그 길에 아직도 놓여 있는 장애물을 치우고 지체되고 있는 발걸음을 재촉하는 회담이 되었으면 좋겠다. 여러 가지 의제들이 논의되겠지만 무엇보다 평화 정착과 경제 발전을 함께 가져갈 수 있는 실질적이고 구체적인 진전을 이루는 데 주력하고자 한다."라고 강조했다.

10·4 남북정상회담에서는 6·15남북공동선언에 기초한 '남북관계 발전과 평화번영을 위한 선언'이 채택됐다. 핵심내용은 다음과 같다.

① 남과 북은 6·15공동선언을 고수하고 적극 구현해 나간다. 그 의지를 반영해 제1차 남북정상회담이 열린 6월 15일을 기념하는 방안을 강구한다. ② 사상과 제도의 차이를 초월해 남북관계를 상호존중과 신뢰의 관계로 확고히 전환시켜 나간다. ③ 군사적 적대관계를 종식시키고 한반도에서 긴장완화와 평화를 보장하기 위해 긴밀히 협력해 나간다. ④ 현재의 정전체제를 종식시키고 항구적 평화체제를 구축하기 위해 직접 관련된 3자 또는 4자 정상회담을 추진한다. 한반도 핵 문제를 해결하기 위해 6자회담이 순조롭게 이행되도록 노력해 나간다. ⑤ 민족경제의 균형발전과 공동번영을 위해 경제협력사업을 적극 활성화하고 지속적으로 확대 발전시켜 나간다. 이를 위해 서해평화협력특별지대를 설치하고, 경제특구를 건설하며, 한강 하구를 남과 북이 공동으로 이용

한다. 개성공단의 2단계 건설에 착수하고, 통행·통신·통관 등 3통 문제를 보완하며, 안변과 남포에 조선협력단지를 건설한다. ⑥ 민족의 유구한 역사와 우수한 문화를 빛내기 위해 역사·언어·교육·과학기술·문화예술·체육 등 사회문화 분야의 교류와 협력을 발전시켜 나간다. 이를 위해 백두산 관광을 실시하고 서울과 백두산을 연결하는 직항로를 개설한다. 2008년 베이징올림픽에 남북 응원단이 경의선을 이용해 참가한다. ⑦ 인도주의 협력사업을 적극 추진해 이산가족 상봉을 확대하고 영상편지 교환사업 등을 추진한다. ⑧ 국제무대에서 민족의 이익과 해외동포들의 권익을 위한 협력을 강화해 나간다. ⑨ 이 선언을 이행하기 위하여 남북 총리회담을 2007년 11월에 개최한다. ⑩ 남북관계의 발전을 위하여 정상들이 수시로 만나 현안을 협의해 나간다.

노 대통령은 마지막 날 대국민보고에서 "저는 서해상의 평화 정착을 위해서 군사적 대결의 관점이 아니라 경제협력의 관점으로서 서해 문제를 우리가 풀어나가야 하는 발상의 전환이 필요하다는 점을 강조했다. 그래서 서해에서 공동어로구역과 해상평화공원, 그리고 해주공단 개발과 이를 개성공단·인천항과 연결하고 한강 하구의 공동 이용을 묶어서 대결상태를 해소하고 평화를 구축하고 경제적 협력을 해나가는 포괄적인 해결 방안으로 서해평화협력 특별지대를 제의했다. 이번 남북 공동 선언에 있어서 가장 진전된 합의가 바로 이 부분이다."라고 강조했다.

노 대통령은 "이제 남북관계는 새로운 단계에 진입했다. 한반도 평화체제 전환을 위한 제도적 노력과 군사적 긴장 완화를 위한 실질적 노력이 시작됐다. 남북경협도 한반도 전체를 무대로 새롭게 발전하는 경제공동체 건설에 한 걸음 더 다가서게 됐다. 남북관계 역사를 볼 때 합의를 하는 것도 중요하지만 합의를 실천하는 일이 더욱 중요하다. 앞으로 정부는 이번 합의가 충실하게 이행될 수 있도록 북측과 함께 최선을 다해 나갈 것이다. 저는 특정 정당이나 후보에게 불리할 것도 유리할 것도 없다고 생각한다. 문제는 이 합의가 좋은 것이면 찬성해서 불리해지는 것이 없는 것이고, 합의가 나쁜 것이면 반대해서 불리해질 일이 없는 것이다. 합의 자체가 누구에게 유리하거나 불리한 것이 아니라 합의에 대하는 태도나 후보들의 전략 자체가 유불리를 가르는 것이다. 이 합의가 누구에게 유리하거나 불리한 것은 결코 아니다. 긴박하게 돌아가고 있는 주변 정세의 변화에 맞춰서 어느 정부든 이 시기에 하지 않으면 안 되는 역사적 과업을 수행하고 있다고 감히 생각한다. 그리고 남북기본합의서와 6·15 공동선언에서 이미 합의한 내용을 실천에 옮기는 과정이다. 그 이상 더 무엇을 더 나간 것이 없다."라고 말했다.

남북정상회담은 한반도 평화와 협력의 가능성을 제시하고, 남북 간 신뢰를 구축한 상징적 사건이다. 비록 정권교체로 많은 합의가 실행되지 못했지만 한반도 평화 체제를 구체화했다는 점에서 역사적 의의가 있다. 남북 간 군사적 갈등과 대립으로 발생하는 막대한 경제·사회적 손실을 고려했을 때 장기적으로 평화를 유지하는 것이 훨씬 이득이다. 평화가 돈으로 살 수 있는 것이라면 얼마든지 사야 한다는 말이 괜히 나오는 것이 아니다. 세계 유일의 분단국가인 대한민국에는 평화 통일 로드맵이 필요하다.

18

개헌

　노무현 대통령의 헌법개정(개헌) 제안은 대한민국 정치사에서 중요한 순간으로 평가된다. 노 대통령은 우리 사회가 성숙한 민주주의로 나아가기 위해서는 권력구조 개편이 필수적이라고 봤다. 그래서 '87년 체제'의 5년 단임제를 4년 중임제로 바꿀 것을 제안했다. 당시 노 대통령은 새로운 시대정신에 부합하는 규범을 헌법에 담을 필요성이 있다고 생각했다.

　노 대통령은 2007년 1월 9일 특별담화를 통해 "올해는 1987년 6월 민주항쟁 20년이 되는 해이다. 6월 항쟁의 결실로 개정된 현행 헌법이 시행된 지 20년을 맞는 해이기도 하다. 오래전부터 정치권과 학계, 시민사회에서 헌법 개정에 대한 문제 제기가 있었다. 1997년 대통령 선거 때는 내각제 개헌이 공약으로 제시됐고, 2002년 대통령 선거에서도 양당의 후보 모두가 임기 안에 국민의 뜻을 모아 개헌을 추진하겠다고 공약한 바 있다. 헌법은 대한민국 공동체의 최고 규범이므로 그 개정은 국민적 합의가 전제돼야 한다. 각자가 이상적으로 생각하는 개헌을 주장하다 보면 가치와 이해관계가 충돌하면서 합의를 이루기도, 실현하기도 어렵다. 지금까지 개헌 주장과 논의가 지속적으로 제기됐지만 진전되지 못했던 것은 그 때문이라고 생각한다. 따라서 저는 국민적 합의 수준이 높고 시급한 과제에 집중해서 헌법을 개정하는 것이 필요하다는 판단에서 대통령 4년 연임제 개헌을 제안한다."라고 밝혔다.

노 대통령은 "1987년 개헌과정에서 장기집권을 제도적으로 막고자 마련된 대통령 5년 단임제는 이제 바꿀 때가 됐다. 선거의 공정성과 투명성이 비약적으로 제고되고 국민의 민주적 역량이 성숙한 오늘의 대한민국 현실에서 단임제가 추구했던 장기집권의 우려는 사라졌고, 오히려 많은 부작용이 나타나고 있다. 단임제는 무엇보다 대통령의 책임정치를 훼손한다. 대통령의 국정수행이 다음 선거를 통해 평가받지 못하고, 국가적 전략과제나 미래과제들이 일관성과 연속성을 갖고 추진되기 어렵다. 특히 임기 후반기에는 책임 있는 국정운영을 더욱 어렵게 만들어 국가적 위기를 초래하기도 한다. 대통령 5년 단임제를 임기 4년에 1회에 한해 연임할 수 있게 개정한다면 국정의 책임성과 안정성을 제고하고, 국가적 전략과제에 대한 일관성과 연속성을 확보하는 데 크게 기여할 것이다."라고 설명했다.

노 대통령은 "대통령 임기를 4년 연임제로 조정하면서 현행 4년의 국회의원과 임기를 맞출 것을 제안한다. 현행 5년의 대통령제 아래서는 임기 4년의 국회의원 선거와 지방자치단체 선거가 수시로 치러지면서 정치적 대결과 갈등을 심화시키고, 적지 않은 사회적 비용을 유발해 국정의 안정성을 약화시킨다. 대통령 4년 연임제와 대통령과 국회의원 임기 일치 문제는 정치권, 학계, 시민사회, 국민들 사이에서 이미 오래전부터 공론화돼왔고 합의 수준도 높다. 2002년 대선에서도 후보들이 공약해왔고, 지금 여야의 정치 지도자들도 필요성을 말했고, 지난해 말 정기국회에서도 대표연설과 대정부질문 등을 통해 제기된 바 있다. 대통령 4년 연임제, 대통령과 국회의원의 임기를 일치시키는 개헌은 대통령 선거를 앞둔 어느 정치세력에게도 유리하거나 불리한 의제가 아니다. 누가 집권을 하든보다 책임 있고 안정적으로 국정을 운영할 수 있는 기반을 만들자는 것이다. 단지 당선만 하려는 사람이 아니라 책임 있게 국정을 운영하려는 사람이라면 누구라도 이 개헌을 지지하는 것이 사리에 맞을 것이다."라고 밝혔다.

노 대통령은 "지금 우리는 변화의 속도가 국가의 흥망을 좌우하는 시대에 살고 있다. 변화가 필요할 때 변화하지 않으면 세계 경쟁에서 낙오할 수밖에 없다. 개혁이 필요할 때 개혁을 이루는 것이 성공하는 대한민국으로 가는 길이다. 당장의 정치적 이해관계를 셈할 일이 아니다. 셈을 하더라도 정확하게 하면 모두에게 이익만 있을 뿐, 누구에게도 손해가는 일이 아니라는 것은 금방 이해할 수 있는 일이다. 대한민국의 미래와 정치 발전을 위해서는 불합리한 제도는 고쳐서 합리적인 제도 위에서 다음 정부가 출범해 보다 강력한 추진력으로 책임 있게 국정을 수행히는 게 마림직하나. 성지권과 국민 여러분의 결단을 당부드린다."라고 말했다.

개헌은 정치적 책임 강화를 위한 비전 제시는 정치개혁 차원에서 큰 의미를 갖는다. 그러나 야당의 반발과 국민 지지 부족으로 실질적인 논의가 되지 못했다. 한나라당은 국정 운영 실패를 덮기 위한 정략적 제안이라고 비난했다. 이제 우리는 권력구조 개편을 위한 원포인트 개헌을 넘어서야 한다. 전체적인 정치체제를 조망하는 시각이 필요하다. 권력구조, 정당체제, 선거제도의 최적점을 찾아 안정적인 민주주의 체제를 구축해야 한다.

19

성찰

사진출처: 노무현재단

'잃어버린 10년'이라는 한나라당의 프레임은 정권 탈환을 위한 과장된 정치적 수사였다. 김대중 대통령은 국제통화기금(IMF) 채무를 조기 상환했고, 노무현 대통령은 성장과 분배의 균형을 중시하며 중장기적인 경제 구조 개선에 나섰다. 당시 양극화가 심화되고 부동산 정책은 실패했다는 평가가 맞다. 그렇다고 모든 경제성과를 부정하는 것은 불합리하다.

노 대통령은 양극화 심화와 부동산 정책 실패는 인정했다. 그는 2007년 신년사에서 "경제만 좋아지면 민생 문제는 모두 해결되는 것처럼 말하는 사람들이 많다. 양극화까지도 경제만 좋아지면 해결된다는 주장인 것 같다. 그렇게만 되면 얼마나 좋겠는가. 그러나 그렇지 않다. 오히려 그 반대일 수도 있다. 양극화는 광의로 말하자면 소득의 양극화만이 아니라 대·중소기업 간, 수출기업과 내수기업 간, 제조업과 서비스 간, 도시와 농촌 간, 수도권과 지방 간, 노사 간, 정규직과 비정규직 간 양극화를 모두 포함이다. 이들 양극화가 궁극적으로는 소득의 양극화로 이어지는 것이어서 양극화 정책은 이 모두를 말해야 할 것이다. 양극화가 포퓰리즘의 결과이고 양극화 해소를 위해서는 작은 정부와 감세가 필요하다는 주장을 하는 신문이 있다. 참으로 해괴한 논리이다."라고 밝혔다.

노 대통령은 "부동산 문제에 대해서는 죄송하다. 올라서 미안하고, 국민 여러분을 혼란스럽게 하고 한 번에 잡질 못해서 미안하다. 참여정부가 조금 놓친 것이 있다. 실제로 수출이 많아져서 유동성이 풍부해졌는데 유동성 관리를 잘못한 것이 사실이다. 과거에도 유동성이 증가했을 때 집값이 많이 상승했다. 노태우 정부 때는 43.4%가 오르고, 김대중 정부 때는 33.8%가 올랐다. 참여정부에서는 19.7%가 올랐다. 실감이 잘 안 나겠지만 실제 통계는 19%가 맞다. 평균하니까 그렇다. 일부 지역에서 많이 올랐다. 그러면 왜 한 번에 못 잡았느냐. 반대와 흔들기 때문이다. 우리가 채택하고자 하는 정책을 반대하는 사람이 많으니까 절반밖에 못하고, 절반만 해놓으니까 효과 없다고 계속 흔들고, 아무도 안 믿고 집을 사니까 또 올라가고, 올라가니까 점점 더 강력한 정책을 채택하는 결과가 된 것이다. 부동산 신문들이 흔들지 않았으면 집값이 안 올랐으면 더 강력한 정책이 안 나왔을 텐데 너무 많이 흔들어 갖고 참여정부 정책을 전부 무력화시켜 버리고 나니까 더 센 정책이 나와서 스스로의 손발을 묶어 버린 결과가 된 것 같다. 그래서 부동산 신문들은 자승자박한 것이라고 생각한다."라고 말했다.

실제 참여정부의 다른 경제지표들은 양호했다. 1인당 국민총소득(GNI)은 2002년 1만2100달러에서 2007년 2만1695달러로 증가했다. 외환보유고는 김대중 정부 1234억 달러에서 노무현 정부 2620억 달러로 늘어 세계 5위를 기록했다. 참여정부의 경제성장률은 매년 4% 안팎이었고, 물가상승률은 2~3%를 유지했다.

노 대통령은 6월 2일 참여정부 평가포럼 강연에서 "참여정부가 그동안 많이 흔들렸다. 지금도 흔들리고 있다. 끊임없이 참여정부를 흔들고 깎아내리는 사람이, 언론이 있다. 여론이 또 그런 언론을 따라간다. 정말 참여정부가 실패했느냐. 과연 무능한 정부냐. 정말 한번 따져보고 싶다. 4년 내내 위기, 파탄, 실패란 말로 흔들었다. 제 대답은 증거로 말하자, 지표로 말하자. 올라가야 할 것은 다 올라가고 내려가야 할 것은 다 내려가고 있었다."라고 반박했다.

노 대통령은 "참여정부는 어떤 위기도 다음 정부에 넘기지 않는다. 어떤 부담도 다음 정부에 넘기지 않는다. 경제 파탄, 경제 실패를 말하는 사람들에게 물어보고 싶다. 어느 정부와 비교해서 실패라는 이야기냐. 어느 나라와 비교해서 한국경제가 실패라는 이야기냐. 성장률을 갖고 경제파탄이라고 얘기하는 사람들이 있다. 잘못된 것이다. 세계적 추세, 다른 나라의 경험 등과 비교해야 한다. 실제로 성장률이 전부는 아니다. 1998년, 2003년 경제위기는 높은 성장률 뒤에 왔다. 그래서 높은 성장률이 사고의 원인일 수도 있다. 그렇게 주의 깊게 살펴봐야 한다. 성장률은 보통 그 정부의 성과가 아니다. 노태우 정부의 성장률은 대단히 높았다. 문민정부의 성장률도 꽤 높았다. 그렇다고 그 두 정부가 경제를 잘했다고 말하는 사람은 제가 보지 못했다. 결국 1998년 경제위기는 그 때 원인이 축적된 것 아닌가."라고 지적했다.

노 대통령은 "경제정책의 성과가 성장률로 나타나는 데는 오랜 시간이 걸리게 돼 있다. 우리가 지금 먹고살고 있는 반도체, 휴대폰, 그밖에 여러 가지 수준 높은 기술들은 우리 정부에서 만든 것이 아니다. 지난해 수출 3000억불을 초과 달성한 것도 다 이전 정부에서 준비하고 성장시켜 온 것들을 저희 정부에서 열매를 따고 있는 것이다. 다만 15년 정도 되면 어지간한 과수나무는 제대로 수익이 있는데, 그것도 망쳐 버릴 수 있다. 그해 거름을 잘 못주고, 약도 잘 못 치고, 관리를 잘 못하면 그만 낙과해 버릴 수 있다. 그러나 관리를 잘하는 것과 성장의 토대를 닦는 것은 구별해서 볼 필요가 있다."라고 밝혔다.

노 대통령은 "정부의 정책성과는 주가를 보는 것이 훨씬 정확하다고 생각한다. 주식의 가격은 정책 자체를 평가하고 미리 예측해서 투자하는 것이기 때문에 대체로 장차 발생할 성과를 앞당겨서 지금 표현하고 있는 것이다. 지금 경제를 파탄이라고 얘기하고 7% 성장을 공약하는 사람들은 멀쩡하게 살아있는 경제를 자꾸 살리겠다고 한다. 걱정스럽다. 사실을 오해하고 있으니까. 멀쩡한 사람한테 무슨 주사를 놓을지, 무슨 약을 먹일지 불안하지 않느냐. 무리한 부양책을 또 써서 경제위기를 초래하지 않을까 좀 불안하다. 잘 감시하자."라고 말했다.

노 대통령은 "3만 달러, 4만 달러 공약하는 사람들이 있다. 이거 당연한 얘기를 가지고 생색내고 있는 것이다. 이미 2만 달러 시대로 들어서고 있지 않았나. 올 연말이 되면 2만 달러 시대로 들어간다. 3만 달러를 하든, 5만 달러를 하든 그거 5년 만에 하는 것이 아니다. 조금 전에 말씀드렸지만 지금 우리가 수출 잘하고 있는 것은 옛날에 씨앗을 다 뿌리고 가꿔 놓은 것이고 우리는 관리만 하는 것이다. 다음의 먹거리는 우리 정부가 만들어야 한다. 다음 정부, 그다음 정부는 그거 따 먹게 되는 것이다. 그래서 3만불, 4만불이 되면 그것은 참여정부의 성과다. 이렇게 적어 놓자."라고 밝혔다.

노 대통령은 "참여정부가 엉망을 만들어 놓으면 3만불 못 간다. 그렇지 않나. 문민정부가 막판에 외환위기를 초래하는 바람에 2만불 달성이 더뎌졌지 않았는가. 그래서 앞으로 3만불, 4만불로 가면 그것은 참여정부의 공로이다. 제가 근거를 한번 대보겠다. 연구결과에 의하면 한미 자유무역협정(FTA)이 발효되면 연간 0.6%의 성장효과가 있다고 한다. 한-유럽연합(EU) 간에 무역 거래량은 한미 간 거래량보다 더 많으니까 한-EU FTA를 하고 나면 최소한 0.6% 더 올라가니까 1.2%는 거저 갖고 들어가는 것 아니겠느냐. 물론 경제이론을 잘 아시는 분들, 일반 균형이론이나 특수 균형이론에 밝은 분들은 제 이야기가 맞지 않다고 설명할 수 있을 것이다. 사실은 그렇게 되는 것이 아니지만 이것을 안 하면 성장이 유지되지 않을 수도 있다는 점을 놓고 보면 맞는 이야기기도 하다. 하여튼 1.2% 벌어 놓았다."라고 말했다.

노 대통령은 "지금 가장 어려운 문제는 비정규직 문제, 영세 자영업 문제 그리고 일자리의 품질이 점차 양극화돼가고 있다는 것이다. 전체적인 지표는 2004년을 정점으로 지금 개선되고 있지만 내막적인 문제에 있어서 하나하나는 더 나빠지는 곳도 있고 좀 좋아진 곳도 있고 복잡하다. 참여정부의 일자리 정책은 일자리 수를 늘리고 품위를 높이는 정책이다. 그리고 복지 정책에 최선을 다하고 있다."라고 밝혔다.

대한민국은 저성장 시대에 진입했다. 정부별 평균 경제성장률을 살펴보면 노태우 정부 9.2%, 김영삼 정부 7.6%, 김대중 정부 5.6%, 노무현 정부 4.7%, 이명박 정부 3.3%, 박근혜 정부 3.0%, 문재인 정부 2.3%였다. 보수냐 진보냐에 관계없이 지속적으로 성장률은 낮아지고 있다. 정부마다 공과 과는 분명히 있고, 정치적 이익을 위한 얕은 수는 더 이상 먹히지 않는다. 과거를 교훈 삼고, 미래를 설계해야 한다. 단기적인 경제성장률 상승보다 지속 가능한 발전과 사회안전망 강화를 위한 비전이 반드시 나와야 한다.

20

미래

진보의 미래는 다음 세대를 위한 민주주의 교과서다. 노무현 대통령이 퇴임 후 참모들에게 사람들의 생각을 바꿀 책, 우리 사회 공론의 수준을 높일 책, 민주주의 발전사에 길이 남을 책을 만들자고 제안한 것에서 시작됐다. 그러나 노 대통령이 뇌물 수수 의혹으로 검찰 수사를 받다가 갑작스럽게 우리 곁을 떠나면서 미완성 작품으로 남게 됐다.

노 대통령은 '사람 사는 세상'이라는 문구를 즐겨 사용했다. 1988년 정치에 입문할 때부터 한 국민과의 약속이었다. 노 대통령은 2007년 6월 2일 참여정부 평가포럼 강연에서 "참여정부는 진보를 지향하는 정부이다. 참여정부는 역시 평화를 지향하는 정부이다. 국민의 정부하고 똑같다. 좀 다른 게 있어야 되는데 통합주의를 하나 하자. 지금도 사인을 해 달라고 하면 사람 사는 세상이라는 문구를 쓴다. 참여정부의 핵심사상이 담겨있다. 사람이 사람으로 대접받는 사회는 자유와 평등, 인권과 민주주의를 포함하는 개념이라고 생각한다."라고 설명했다.

노 대통령은 "더 중요한 것은 사람이 사람 노릇 하고 사는 사회이다. 도리를 다 하는 인간, 주권을 행사하는 국민, 이것이 저는 사람 노릇이라고 생각한다. 이것은 시장경제를 강조하지만 그러나 시장만능주의,

경제제일주의에 대한 경계를 늦추지 말자는 뜻을 갖고 있는 것이다. 시장은 사람을 위한 시장이어야 하고 경쟁은 사람을 위한 경쟁이어야 한다. 성장도 마찬가지이다. 그래서 공동체의 근본적인 지향점을 그렇게 표현했다. 진보란 무엇인가. 힘 있는 사람이 누리는 권력을 약자도 함께 누리도록 하기 위해서 힘 없는 사람의 연대와 참여를 중시하는 생각이다. 시장경제를 필요한 것으로 인정하나 시장의 한계와 실패를 주목하고 이를 보완하기 위한 국가의 역할을 요구한다. 개방을 반대하고 대외정책은 평화주의를 지향한다. 보통 그렇다는 것이다."라고 밝혔다.

노 대통령은 "국민의 정부와 참여정부의 진보는 민주노동당의 진보와 어떻게 다르냐. 실현가능한 대안이 있는 정부이다. 현실에서 채택이 가능한 대안, 타협 가능한 수준으로 정책을 만들고 현실에 적용할 대안을 만든다. 법으로 고용을 만들 수 있나. 법으로 정규직을 만들 수 있느냐. 만사를 법으로 해결할 수는 없는 것이다. 세상 돌아가는 이치에 맞는 정책이라야 그 정책이 성공할 수 있는 것이나. 현실 돌아가는 이치에 맞도록 진보적 정책을 쓰자. 이것이 민주노동당과 다른 것이다. 재원조달이 가능한 정책이라야 한다. 예산의 구조조정도 한계가 있고 세금을 함부로 만들고 올릴 수도 없다. 그래서 현실에 적용 가능한 진보. 그러니까 실용적 진보이다. 시장 친화적인 진보이다. 시장주의의 본질에 반하는 정책은 실현되기도 어렵고 억지로 실현하려고 해도 오래가지 못하고 왜곡이 발생해서 실패한다. 그래서 시장친화적인 정책, 시장과 조화를 이룰 수 있는 정책을 제공한다."라고 말했다.

노 대통령은 "합리적으로 대응해 나가는 자주의 노선이 필요하다. 대화하는 진보, 타협하는 진보이다. 대화와 타협은 민주주의의 요체이다. 비타협 노선은 근본주의, 절대주의에 근거하는 투쟁전략이다. 절대주의 비타협 노선은 민주주의가 아니다. 상대주의와 관용의 원리에 반하는 것이다. 그리고 비타협노선이 가끔 보면 승리에 집착해서 책략에 매몰되거나 극단적인 전향을 하기도 한다. 지금 한나라당에 그런 사람이 꽤 있다. 그래서 우리는 열린우리당과 참여정부를 진보를 합리적 진보, 실용적 진보, 유연한 진보 중 하나의 용어로 표현하고 있다. 합리적 진보가 가장 포괄적인 용어가 아닌가 생각한다."라고 밝혔다.

노 대통령은 "우리는 무엇을 해야 할 것이냐. 답은 하나다. 민주주의를 제대로 하는 것이다. 아직 우리나라 민주주의는 성숙되지 않았다. 더 노력해야 한다. 앞으로 우리나라는 민주주의가 발전하는 만큼 발전할 것이다. 왜 민주주의인가 그동안 많은 사상을 공부하고 연구도 해봤다. 그리고 역사에서 많은 실험도 있었다. 그러나 근대 이후에 모든 사상은 결국 민주주의로 귀착된다는 결론에 도달했다. 민주주의는 인권 존중의 사상이자 기술이다. 인간을 위한 사상, 사람 사는 세상을 위한 사상이다. 민주주의는 경제 발전에도 가장 적합한 제도이다. 시장친화적인 제도이다. 경쟁, 자유, 다양성, 창의성에 적합한 제도이다."라고 말했다.

노 대통령은 2009년 3월 1일 홈페이지를 통해 '민주주의, 관용, 상대주의'에 대한 글을 남겼다. 그는 "오늘날은 모든 사람들이 민주주의를 말한다. 그러나 민주주의에 대한 생각이 다 같지는 않은 것 같다. 어떤 사람들은 민주주의의 철학과 원리를 깊이 있게 이해하고 생활화하고 있거나 그에 이르지는 못하더라도 실천하려고 노력하는 사람들일 것이다. 그러나 더 많은 사람들은 대세를 따라 또는 편리한 대로 그냥 민주주의를 말하는 사람도 있을 것이다. 그런데 어떤 사람들이 얼마나 많은가 하는 비율은 아주 중요한 문제이다. 오늘날 각국의 민주주의가 수준이 다르듯이 장래에 있어서 민주주의의 수준도 달라질 것이기 때문이다."라고 운을 뗐다.

노 대통령은 "민주주의의 철학적 기초는 상대주의이다. 자유와 평등은 민주주의의 핵심가치이다. 그리고 민주주의 제도의 기초를 이루는 사상이다. 그런데 자유와 평등은 상대주의 철학에 기초하지 않고는 설수가 없다. 어떤 사람은 항상 현명하고 다른 사람은 그렇지 않다는 생각이 지배하는 곳에서는 평등이 설 수가 없을 것이고, 어떤 생각은 옳고 다른 생각은 그르다는 생각이 지배하는 곳에서는 누구도 다른 생각을 말할 수 있는 자유가 없을 것이기 때문이다. 그렇게 되면 평등을 전제로 하는 보통선거라는 제도도 사상의 자유도 용납이 될 수가 없으니 민주주의는 설 땅이 없어질 것이다. 실제로 지난 역사에서 이런 생각을 가진 사람들이 다른 사람들을 정복하고 지배하고, 복종하지 않거나 다른 생각을 말하는 사람들을 그 사회에서 배제해 버리는 끔찍한 일들을 당당하게 자행하기도 했다."라고 밝혔다.

노 대통령은 "민주주의의 원리 중에서 가장 중요한 것은 관용이다. 이것은 상대주의의 귀결이기도 하고, 상대주의의 한계를 보완하는 통합의 원리이기도 하다. 관용이란 무엇이냐. 소극적 의미로 보면 관용은 다름을 인정한다는 것이다. 말하자면 생각이 다르다고 해서 타도·배제하지 않는다는 것이다. 그러나 그것만으로 민주주의 공동체를 성공적으로 운영할 수는 없다. 민주주의 공동체를 성공적으로 운영하기 위해서는 보다 적극적인 의미의 관용이 필요하다. 공동체에는 가치를 공유하고, 공동의 목표를 설정하고, 함께 가야 할 일이 있다. 그런데 이런 일에 관해 사람들이 저마다 다른 주장을 하면서 각기 제 갈 길을 가고, 서로 다름을 인정한다고 해서 방치한다면 공동체는 와해되고 말 것이다. 공동체를 성공적으로 운영하기 위해서는 목표를 통합하고 이를 이루는 방법에 관해도 합의를 이루는 과정이 필요하다."라고 말했다.

노 대통령은 "흔히 민주적 과정으로 다수결을 말한다. 그러나 다수결은 결코 만능의 방법이 아니다. 다수결로 결정하고자 하는 내용에 대해 도저히 납득을 하지 못하는 사람들이 있거나 도저히 양보할 수 없는 이해관계를 가진 사람들이 있을 경우에는 다수결 자체를 반대하거나 다수결의 결과에 대해 승복하지 않고 협력을 거부하는 경우가 생기게 된다. 이런 경우에는 결과를 실현하기도 어렵게 되고, 나아가서는 공동체의 통합에 손상을 입게 된다. 그러므로 실제 민주주의 과정에서는 다수결로 결정을 하기 이전에 충분한 대화를 통하여 인식의 차이를 좁히고, 이해관계를 조정하는 설득과 타협의 과정을 거쳐서 다수결에 붙일 수 있는 안을 다듬어 내야 한다. 이 과정에서 많은 쟁점은 합의를 이루게 되고, 일부 합의가 되지 않은 쟁점이라 할지라도 충분한 토론과 조정이 이뤄지면 다수결 절차에 합의를 이루게 되므로 표결의 결과에 흔쾌히 승복은 하지 않더라도 적어도 적극적인 방해는 하지 않게 되는 것이다. 그러므로 민주주의 핵심 원리는 다수결이 아니라 대화와 타협이다."라고 밝혔다.

노 대통령은 "민주주의에 필요한 관용은 바로 이런 의미의 관용이라야 한다. 다른 생각과 이해관계를 인정하고 방임하는 수준을 넘어서 서로 다름을 존중하고 대화와 타협을 통해 다름을 상호 수용해 공동체의 가치와 이해관계로 통합할 줄 아는 사고와 행동이 필요하다는 것이다. 저는 바로 이런 의미의 관용을 적극적 관용이라 말하고, 이를 민주주의의 핵심 원리라고 말하고 있는 것이다. 우리는 책에서 민주주의를 배웠고, 독재 체제의 현실에서 자유와 평등의 가치를 체득했다. 반세기 동안 민주주의를 위하여 끈질기게 싸운 끝에 마침내 승리했고, 그로부터 20년 동안 우리는 하나씩 하나씩 민주주의 제도를 세워나가고 있다. 그러나 아직 우리는 대화와 타협으로 사회적 통합을 이뤄내고 더불어 사는 공동체를 꾸려가는 수준에는 이르지 못하고 있다. 답답한 일이 아닐 수 없다. 그러나 지난날 민주주의 역사를 돌이켜보면 우리나라의 민주주의가 특별히 걸음이 느리다고 할 수도 없는 노릇이다."라고 말했다.

노 대통령은 "억압적인 지배체제에서 쌓은 기득권의 세력은 지난날의 체제에 향수를 가지고 끊임없이 역사를 되돌리려 하고, 권위주의 문화에 익숙해진 사람들은 새로운 문화에 낯설어하고, 지난날을 그리워해 동조하고, 반대로 오랫동안 타협할 수 없는 가치를 놓고 싸웠던 사람들은 구시대의 체제와 문화를 용납할 수 없다. 그래서 민주주의로 가는 과정은 끊임없는 갈등의 과정이 된다. 그것이 우리가 지금껏 봐온 역사이다. 1789년 프랑스 대혁명 이후 왕정복고 운동이 사그라지기까지는 80여년의 세월이 걸렸던 것이 그 하나의 사례라 할 수 있을 것이다. 이렇게 보면 지금 제가 관용을 민주주의 원리로 들먹이는 것이 좀 성급한 일이거나 사치스러운 일로 생각할 수도 있을 것이다. 그럼에도 저는 오늘 관용의 문화를 이야기하려고 한다. 우리에게 닥친 국가적 과제가 결코 만만치 않고 이들 문제를 풀어나가기 위해서는 우리의 민주주의 역량이 한 단계 더 발전해야 힐 것이기 때문이다."라고 밝혔다.

노 대통령은 진보적 자유주의자로 일컬어진다. 전통적인 정치학적 측면에서 보면 사실상 사회자유주의라고 볼 수 있다. 기본적으로 개인의 자유, 사회 복지, 사회적 약자의 권익 확대를 추구한다. 또한 시장경제를 지지하지만 공정한 경쟁을 위한 정부의 개입을 옹호한다. 아울러 사회 정의가 적극적으로 실현돼야 한다고 믿는다. 정치권에서 노 대통령을 언급하는 사람들이 많다. 그러나 그들이 노무현 정신을 제대로 이해하고 있는지는 의문이다. 우리는 그의 수많은 말, 글, 메모를 통해 지금 이 시대에 맞는 진보의 방향성을 생각해야 한다. 깨어있는 시민의 조직된 힘으로 우리 모두가 제2·3의 노무현 역할을 해내야 한다.

II.

나의 노무현 너의 노회찬

노회찬 가치

01

소명

사진출처: 노회찬재단

노회찬 의원의 삶은 1972년 10월 유신 전후로 나뉜다. 이때가 세상을 바꾸고 싶다는 정치적 소명의식이 생긴 순간이기 때문이다. 당시 비상계엄령 선포와 국회 해산에도 세상은 너무나 조용했다. 분명 자신이 배운 교과서 내용대로라면 잘못된 것이 맞는데 배신감마저 들었다. 어린 시절부터 노 의원은 결코 범인(凡人)이 아니었다. 자신이 태어난 이유를 찾았고 바로 그 길을 걷기 시작했다.

1973년 유신 1주년이 됐을 즈음 대학생들이 반독재 시위를 벌이며 거리로 쏟아져 나왔다. 노 의원은 무엇이라도 해야겠다고 생각했고, 친구들과 유신 반대 유인물을 교내에 살포하기로 결심했다. 필체가 드러나지 않도록 타자기를 이용했고, 한밤중 교회에 몰래 들어가 등사기로 인쇄를 했다. 다음날 학교 담장을 넘어가 교실마다 유인물을 뿌린 뒤 성공적으로 도망쳤다. 그런데 아침에 학교는 아무렇지 않은 듯 조용했다. 학생들의 등교 전에 모두 수거해 버린 것이다. 얼마 뒤 몇몇 고등학교에서 시위 움직임이 포착되자 박정희 정권은 조기 방학 긴급지침을 내렸다.

대학에 입학한 뒤에는 학생운동에 열심히 참여했다. 그러다 5·18 광주 민주화 운동을 보면서 울분을 토했다. 당시 노 의원은 부산에 있었는데 일본 NHK 방송을 통해 참담한 상황을 목격했다. 그는 군대가 짓밟은 광주를 혼자 찾아가 넋을 위로했다. 노 의원은 친구에게 "내가 마음이 힘들어서 광주에 다녀왔다. 충장로와 금남로 술집을 순회하면서 일부러 고향 사투리를 쓰면서 부산에서 왔다고 하니까 그분들이 내 말을 듣고 따뜻하게 맞아주셨다."라고 전했다.

노 의원은 세상을 근본적으로 변혁하기 위해서는 노동자들의 조직화·세력화가 필요하다고 생각했다. 본격적인 노동운동에 뛰어들기 위한 준비를 시작했다. 직접 노동 현장으로 가기 위해 서울기계공업고등학교 부설 영등포청소년직업학교에서 전기용접기능사 2급 자격을 땄다. 노 의원은 용접공으로 위장취업을 했고, 노동자로서 정치운동을 이어갔다. 1982년부터 각종 시위를 주도하고 불온문서를 배포한 혐의로 수배생활이 시작됐다. 그렇게 그는 대학생에서 노동운동가로 변모했다.

노 의원은 한 언론과의 인터뷰에서 "원래는 대공장 들어가려고 기아자동차에 시험을 쳐서 붙었는데 실수를 해서 예비군 때문에 대학출신이라는 것이 밝혀져서 떨어졌다. 그래서 인천에 있었던 현대정공 하청 회사에서 아주 초보적인 운동을 하고 있었다. 그때만 해도 저희는 변혁을 위해서 평생을 노동자로 살아야 된다고 생각해서 기술도 배웠다. 1983년쯤 되니깐 1~2명 현장에 대학출신이 생기더니 다음 해가 되니깐 더 많은 위장취업자들이 왔다. 자연스럽게 그전에 알고 지내던 후배들이 같이 하자 해서 서클을 만들었다. 그 당시로서는 내가 알기로는 전국에서 제일 컸다. 어마어마하게 컸다. 인천지역민주노동자연맹이 인천, 주안, 부천팀이 모여서 만들어지는데 그중 한 축이 됐다."라고 회상했다.

1987년 6월 항쟁 이후 노동자 대투쟁이 이어졌다. 인천지역민주노동자연맹(인민노련)은 친북성향의 주체사상파(NL)와 헌법철폐·새정부구성을 주장하는 제헌의회파(NDR)와 선을 그었다. 실제 6월 10일 창립 선포 직후 NL진영과 결별을 선언하고, 민중민주파(PD)로 활동하기 시작했다. PD는 노동자·민중의 독자적 정치세력화를 추구했고, 전국적인 조직으로 발전했다.

노 의원은 인민노련 중앙위원, 사회주의자 편집위원으로 주도적 역할을 했다. 그러나 1989년 12월 24일 국가보안법 위반 혐의로 체포됐고, 징역 2년 6월을 선고받았다. 인민노련은 1991년 7월 한국사회주의노동당 창당준비위원회로 명칭을 바꾸고, 합법적인 진보정당 결성을 추진한다. 1992년에는 한국노동당 창당준비위원회를 거쳐 민중당과 합당했다. 그러나 통합민중당은 총선에서 참패하며 해산됐다. 그해 4월 15일 진보정당추진위원회가 결성돼 장기적 관점에서 진보정당운동을 실행해 나가기로 결정했다.

노 의원은 만기 출소 후 1992년 대선에서 백기완 선거대책 본부 조직위원장을 맡았다. 고작 23만 표라는 득표수에 실망하고 떠난 사람들이 많았지만 그는 자신의 자리를 지켰다. 1995년 9월 25일 진보정당추진위원회는 민중정치연합과 합쳐져 진보정치연합이 됐다. 노 의원은 진보정치연합이 국민승리21과 합당할 때까지 대표를 역임했다. 1996년 총선을 앞두고 보수진영 소수정당인 개혁신당과의 연합했으나 별다른 성과를 내지 못했다.

노 의원의 노동운동은 진보정당 역사의 시초가 됐다. 여러 차례의 실패에도 굴하지 않았고, 끝까지 기득권에 투항하지 않았다. 노동자와 서민의 목소리를 대변하겠다는 원칙을 저버리지 않은 것이다. 요즘 정치를 하겠다는 청년들은 대부분 거대정당으로 향한다. 말로는 사회적 약자 대변을 외치지만 행동이 뒷받침되는 경우는 드물다. 소명보다는 권력욕이 앞선다. 청년 정치에 회의감이 드는 이유다. 이제 진보정당에는 청년이 거의 없다. 어쩌면 자신의 인생을 걸고 수없는 실패를 받아들일 용기를 가진 사람은 존재하지 않는지도 모른다.

02

도전

진보정당 건설은 보수적인 한국 사회에서 불가능한 도전에 가까웠다. 그러나 노회찬 의원은 단순 사회운동만으로는 노동자, 농민, 서민 등 다양한 목소리를 대변할 수 없다고 판단했다. 창당으로 가는 여정은 힘겨웠지만 진보정치를 구체화하고 현실화하는 데 필수적 요소였다.

1996년 12월 26일 새벽 6시 신한국당 의원 154명이 국회로 잠입해 7분 동안 11개 법안을 통과시켰다. 이 중 하나가 복수노조 허용과 정리해고 법제화를 핵심으로 하는 노동법이었다. 민주노총은 노동운동의 한계를 느끼고 진보정당의 필요성을 깨달았다. 진보정치연합은 1997년 대선을 앞두고 민주노총과 민주주의민족통일전국연합에 진보정당 창당을 제안한다. 최종적으로 대선 기구인 국민승리21이 발족되고, 노 의원은 정책기획위원장을 맡게 됐다. 국민승리21은 신자유주의 정책에 강력히 반대하며 재벌 비판, 노동자 권리 강화, 빈곤 해소 등을 주장했다.

노 의원은 한 언론과의 인터뷰에서 "제가 1997년 1월 '말지'에 민주민중세력들이 총집결해서 대선을 치르고 그 힘으로 진보 정당을 건설하자라는 제안을 했다. 민주노총은 그해 6월 민주노총 대의원대회에서 결의를 했다. 농민운동 조직은 뜻은 같이 했지만 민주당과의 관계로 시간이 좀 걸린다는 답변을 했다. 빈민 조직도 공식적으로는 참여하지 못한 상태였다. 국민승리21에는 오세철·김세균 교수 등 좌파 지식인들도 참여했다. 권영길 민주노총 위원장을 대통령 후보로 추대해 선거를 치렀던 것이다."라고 설명했다.

국민승리21은 대선에서 30만 6026표를 득표했다. 1992년 대선보다는 많았지만 진보세력의 염원에는 미치지 못했다. 그러나 그들은 여기서 포기하지 않았다. 그렇게 국민승리21은 국민들에게 노동자와 서민을 대변하는 정당의 존재를 인식시켰고, 민주노동당을 탄생시키는 밑거름이 됐다.

1999년 8월 29일 민주노동당 창당준비위원회가 만들어졌다. 권영길·양연수·이갑용을 공동대표로 하고 2000년 1월 30일 공식 창당 절차를 마쳤다. 노 의원은 초대 부대표를 역임했고 제16대 총선, 제3회 지방선거, 제17대 대선에서 선거대책본부장을 맡았다. 비록 총선에서는 1.18%의 득표밖에 하지 못했지만 노동자들에게 큰 호응을 얻었다. 지방선거에서는 기초단체장 2명과 광역의원 11명을 당선시켰고 정당득표율은 8.13%를 기록했다.

노 의원은 제17대 총선에서 비례대표 8번을 받았다. 당시 자유민주연합이 지역구 4석, 정당득표율 2.9%로 비례대표 배정 기준에 미달했다. 단 0.1% 차이로 삼김(三金) 시대 풍미한 김종필 총재는 낙선하고 노동운동가 출신 노 의원이 극적으로 당선됐다. 대한민국 진보정치가 새로운 국면을 맞이하는 순간이었다.

노 의원은 2004년 국회의원에 당선되자마자 배지 착용을 거부했다. 그 이유는 한자로 '國'이라고 적혀있었기 때문이다. 이 소식을 전해 들은 한글문화연대와 한글사랑 대학생 동아리 학생들은 노 의원에게 한글로 쓰인 배지를 선물했다. 이러한 관습 타파 노력은 2014년 국회의원 배지가 전부 한글로 바뀌는 결과를 낳았다.

    노 의원에게 민주노동당은 정치철학을 현실로 구현하는 터전이었다. 오랫동안 꿈꿔온 진보정당 출현이었고 그의 중요한 정치적 자산으로 평가된다. 실제 민주노동당은 한국 정치사에서 중요한 전환점으로 꼽힌다. 진보정치가 제도권으로 편입되고 지금까지 정치권에서 중요한 한 축으로 자리 잡게 된 엄청난 사건이었다. 이들은 무상급식, 무상교육, 무상의료, 신용카드 수수료 인하, 이자제한법, 상가건물 임대차보호법 등을 선도적으로 내놓았다. 최근 진보정당이 외면받게 된 결정적 이유는 새로운 도전의 부재 때문이다. 그중 하나가 다수 국민이 공감할 수 있는 정책 제안과 이슈파이팅이 사라졌다. 이것을 해내지 못한다면 사실상 진보정당으로써의 수명은 끝난 것이다.

나의 노무현 너의 노회찬 •

03

저항

사진출처: 노회찬재단

　노회찬 의원에게 삼성 X파일은 7년간 권력과 자본에 맞선 저항의 역사이다. 애초에 삼성그룹으로부터 금품을 수수한 검사의 실명을 공개하는 것이 처음부터 쉬운 일은 아니었다. 엄청난 사회적 파장을 불러일으킬 것이 뻔했고 자기 자신에게도 위험이 뒤따를 수 있다는 것을 알고 있었다. 그러나 노 의원은 오직 양심에 따라 행동하기로 결심했다.
　2005년 7월 22일 이상호 MBC 기자가 삼성 X파일을 보도했다. 이는

PART II 노회찬 가치

이학수 삼성그룹 부회장과 홍석현 중앙일보 사장의 대화를 국가안전기획부가 도청한 녹음테이프와 보고서의 내용이었다. 1997년 대선 당시 삼성이 이회창 한나라당 후보에게 뇌물을 주고, 명절마다 검찰 간부들에게 떡값을 건넸다는 것이다. 그러나 언론은 뇌물을 받은 검사들의 실명은 공개하지는 못했다.

노 의원은 8월 18일 국회 법제사법위원회에서 떡값 검사 7명의 실명을 공개하고 사전에 보도자료를 배포했다. 그는 "나를 기소하고 싶나. 기소하고 싶으면 그렇게 하라. 국회의원이기 이전에 나는 대한민국 국민이다. 국민의 한 사람으로서, 우리 국민들이 꼭 알아야 할 내용은 알리는 것이 도리이다. 나라와 국민에게 도움되고 옳은 일이라면 법의 잣대에 개의치 않고 나는 한다. 오늘 행동이 공익에 반한다면, 국민이 알 필요도 없는 내용을 공개하고 부당하게 사리를 추구했다면 스스로 면책특권을 포기할 것이다. 나 스스로 손목에 수갑을 채울 것이다."라고 말했다.

검찰은 12월 14일 이건희 삼성그룹 회장, 이 부회장, 홍 회장 등의 뇌물공여혐의에 대해 공소시효 만료를 이유로 무혐의 처분을 내렸다. 반면 노 의원과 이 기자는 명예훼손과 통신비밀보호법 위반 혐의로 불구속 기소됐다. 노 의원은 "검찰의 기소를 환영한다. 떡값·불법대선자금 지시자 이건희를 법정에 세워 삼성그룹 법무실로 전락한 검찰을 바로잡겠다."라고 날을 세웠다.

노 의원은 2009년 2월 9일 1심에서 징역 6개월에 자격정지 1년을 선고받았다. 그는 "삼성 X파일 사건의 본질은 불법 도청에 있지 않다. 불법 도청은 손가락일 뿐이며 그 손가락이 가리킨 진실의 달이 바로 삼성 X파일이다. 불법 도청은 되풀이 돼선 안 될 위법행위지만 X파일에 담긴 진실이 훼손될 수는 없다."라고 호소했다. 그러나 재판부는 불법적으로 얻어진 X파일 내용을 바탕으로 전·현직 검찰 간부들의 실명을 공개한 것은 수단과 방법의 상당성을 잃은 것이라고 밝혔다. 또한 국회의원 신분이지만 자신의 홈페이지와 보도자료를 통해 떡값검사 명단을 공개한 것은 면책특권 대상이 될 수 없다고 부연했다.

2심 재판부의 판단은 달랐다. 노 의원은 최후 진술에서 "이 사건은 한밤중에 남의 집 담을 넘어서 나오는 사람을 보고 '도둑이야'라고 소리를 지른 건데 도둑에게는 '도둑질을 했느냐'고 물어보고 아니라고 하니 훈방하고 저에게는 '도둑질한 것을 봤느냐, 담을 넘은 것만을 본 것이 아니냐'며 허위사실 유포라고 기소한 것과 같다."라고 지적했다. 12월 4일 서울중앙지법 형사항소8부는 통상의 합리성과 이성을 가진 일반인이라면 X파일 대화 내용대로 금품을 지급했을 것이라고 매우 강한 추정을 하는 것이 당연하다. 보도 편의를 위해 진술 내용을 사전 배포한 것은 국회의원의 직무상 발언에 부수한 행위로 면책특권 대상이라며 무죄를 선고했다.

대법원은 2013년 2월 14일 X파일 실명 공개 보도자료는 면책특권에 해당하지만 인터넷에 올린 것은 불법이라는 황당한 논리를 꺼내 들었다. 그렇게 노 의원은 징역 4월에 자격정지 1년의 형이 확정돼 의원직을 상실했다. 그는 "국민 누구나 스마트폰을 사용하는 1인 미디어 시대에 보도자료를 언론사에 배포하면 면책특권이 적용되고 인터넷을 통해 일반 국민에게 공개하면 의원직 박탈이라는 시대착오적 궤변으로 대법원은 과연 누구의 이익을 보호하고 있느냐. 지금 한국의 사법부에 정의가 있느냐, 양심이 있느냐. 사법부는 무엇을 위해, 누구를 위해 존재하는가라고 묻고 싶다."라고 비판했다.

노 의원에게 삼성 X파일 사건은 정의, 원칙, 공익을 지킨 상징적 사건이다. 기나긴 재판과 정치적 희생을 감당해야 했지만 정경유착 문제를 우리 사회의 수면 위로 끌어올리는 데 성공했다. 정치 자금의 투명성과 기업의 윤리적 책임에 대한 논의가 이뤄지도록 만들었다. 노 의원의 정치적 신념과 행동은 진보정치 발전에 기여했고, 한국 사회의 도덕성을 바로 세우는 계기가 됐다.

　우리 사회에서 권력층의 부패는 여전하고, 국민들 눈에는 진보든 보수든 큰 차이가 없어졌다. 인사청문회에서 위장전입, 탈세 등은 누구나 갖고 있는 흠결처럼 여겨진다. 정치인은 성직자가 아니기 때문에 도덕성은 필요가 없다는 주장마저 나온다. 명백하게 틀렸다. 지금까지 진보가 보수에게 도덕성에서 밀려본 적이 있는가. 마땅히 진보라면 높은 윤리의식을 견지하고 책임 있는 행동을 해야 한다. 지금이라도 진보진영은 무너진 도덕성을 회복해야 한다.

04

비전

노회찬 의원의 새세상 선언과 제7공화국 11테제에는 경제, 복지, 통일 등 진보정치 비전이 담겨있다. 제17대 대선은 민주노동당에게 있어 위기이자 기회였다. 제17대 총선에서 민주노동당은 10석을 확보했지만 당 지지율은 2.2%까지 떨어졌다. 당내 주체사상파(NL)와 민중민주파(PD)의 이념 갈등은 심해지고, 주요 지지 기반인 노동자·서민과의 거리가 멀어졌다. 진보정당은 권영길 후보로 이미 두 차례 대선 경험을 치러봤기에 새로운 인물에 대한 열망이 높았다. 노 의원은 2007년 3월 11일 민주노동당 대선 후보 경선에 출마 선언에서 "진보정당 집권의 꿈을 실현하겠다. 최초의 민주노동당 출신 대통령이 되기 위해 이 자리에 섰다. 저는 민주노동당 대통령 후보라는 정치경력을 쌓기 위해 이 자리에 선 것이 아니다."라고 밝혔다.

왜곡된 분배구조와 양극화 문제를 정조준했다. 노 의원은 "2006년 경제성장률이 실현 가능한 최대 성장치인 5%에 이르러 경제협력개발기구(OECD) 국가 중 상위를 기록하고 있으며 수출도 기록적인 3000억 달러에 도달했는데 경제에 무슨 문제가 있나. 바로 분배 문제이다. 재벌 중심의 성장이 지속되면서 중소기업들은 수직계열화 됐다. 재벌기업이 원가절감 압력을 연구개발을 통한 생산성 향상으로 해결하지 않고 하청업체·납품업체에 전가하고, 이들 업체들은 비정규직 착취를 통해 채산성을 유지하고 있다."라고 지적했다.

노 의원은 일자리·주거·교육·건강 등 서민 4대 기본권을 직접 챙기겠다고 밝혔다. 그는 "백만장자 대기업으로부터 매년 20조 원을 걷어 650만 빈곤층에게 지원하겠다. 빈곤층 자녀들도 학비걱정 없이 맘껏 공부할 수 있도록 무상교육 서비스를 확실히 지원하겠다. 돈 없어 병원 못 가는 의료보험 사각지대 60만 명을 포함 모든 빈곤층에게 무상의료 혜택을 드리겠다. 빈곤층도 일터에서 맘껏 일할 수 있도록 하겠다. 최소한의 주거환경에서 살 수 있도록 하겠다."라고 말했다.

특히 사회 양극화 해소를 위한 ▲비정규직 정규직전환 특별법 ▲공공교육복지일자리 100만 개 창출 특별법 ▲분양원가 전면공개법 ▲주택 초과보유 제한법 ▲공공임대주택 150만 호 건설특별법을 공약했다. 노 의원은 "이 모든 법을 취임 100시간 이내에 국회에 제출하겠다. 2008년 정기국회까지 통과시켜 내겠다."라고 강조했다.

통일 정책으로는 남북한 병력 감축과 낮은 단계의 국가연합을 제시했다. 노 의원은 "평화는 전쟁을 일으킬 수 있는 모든 원인을 제거한 상태여야 한다. 남북한 지상군 병력을 10만 명으로 감축하겠다. 절감되는 군사비 예산으로 공공교육과 복지 예산을 확대하겠다. 정전협정을 평화협정으로 대체하고 남북 간 불가침조약과 북미수교를 이끌어내는데 최선을 다하겠다. 이를 바탕으로 6·15 공동선언이 약속한 낮은 단계의 국가연합을 성사시키겠다."라고 말했다. 노 의원은 7월 17일 선거대책본부 출범식에서 제7공화국 건설운동을 선포하고 11테제를 발표했다. 구체적인 내용은 반신자유주의, 교육·의료·주택·일자리의 국가 완전 보장, 통일·탈동맹 평화, 차별 철폐, 전력·가스·철도·통신 기간산업 사회화,

동일노동 동일임금, 식량주권, 성평등, 녹색국가, 국민발의제·국민소환제 등으로 구성됐다. 그는 "민주노동당은 사회의 문제점만 지적하는 문제제기형 정당을 넘어서서 동시에 해결하고 책임을 지는 정당으로 나아가야 한다. 궁극적으로 집권해야 한다. 이제부터 밥 한 숟가락을 뜨더라도 물을 한 모금 마시더라도, 사소한 활동 하나를 하더라도 집권과 무엇이 연관이 있는지 생각해야 한다. 집권의 계획 속에서 모든 사업이 배치돼야 한다."라고 밝혔다.

노 의원은 당내 경선에서 3위를 기록하며 본선에 진출하지 못했다. 당초 국민 여론조사에서는 다른 두 후보보다 앞섰지만 조직력이 높지 않았기 때문이다. 그는 심상정 후보 지지를 선언했지만 권 후보가 최종적으로 대선 후보가 됐다. 그 해 민주노동당은 2002년 대선보다 낮은 3%의 지지율을 기록하며 참패했다.

대선 경선 과정은 그의 정치적 신념과 사회 개혁 의지가 잘 드러나는 대목이다. 제7공화국은 기존의 정치적 질서를 넘어 새로운 체제를 설립하는 개념으로, 제시된 정책들은 그가 평생을 추구해 온 사회 정의와 평등의 가치관이 반영돼 있다. 당시 당내 경선에서 패배하면서 국민들에게는 제대로 알려지지도 못했지만 여전히 유효한 내용들이 많다. 노 의원이 남긴 정치적 유산으로 진보정당들의 지침서가 충분히 될 만하다.

05

분투

출처: 노회찬재단

노회찬 의원은 민주노동당에서 주체사상파(NL)의 패권주의에 대해 문제의식을 갖고 분투를 벌여왔다. 민주노동당은 대선 참패 이후 심성정 비상대책위원회가 출범시켰고, 노 의원은 당내 개혁에 힘을 실었다. 노 의원은 민주노총, 전농 등 시민사회 분열을 우려해 분당에는 부정적이었다. 그러나 NL은 친북정당 이미지 해소를 위한 혁신안을 거부했다. 노 의원은 민주적 정당 운영이 불가능하다고 판단했고 민주노동당을 탈당을 선언했다.

노 의원은 2008년 2월 5일 국회에서 기자회견을 열고 "제대로 된 진보정당으로 거듭나라는 국민의 요구를 정면으로 거부했다. 이제 민주노동당은 스스로의 결정에 의해 자신의 존립 의의를 부정했다. 두 개의 진보정당이 존립하는 비극을 막기 위해 내부문제를 감싸 안으면서까지 발버둥 쳤던 노력이 수포로 돌아갔다. 국민에게 용서를 구하는 심정으로 진보정치의 새로운 길을 떠나고자 한다."라고 밝혔다.

노 의원은 진보신당 창당 준비위원회에 합류했다. 그는 3월 2일 창당 발기인대회에서 "현실 정치세력으로 참여하는 이상 총선을 없는 것처럼 피할 수는 없다. 진보신당은 시간이 걸리고 총선 전에 100% 불가능하지만 새로운 신당을 힘 있게 만들어 내기 위해서도 우리가 감당할 수 있는 범위 내에서 총선을 정면 돌파해야 진보신당의 원동력을 가꿀 수 있다. 민주노동당에서 나온 사람들이 만든 정당이어서는 안 된다. NL이니 PD니 하는 낡은 정파질서의 한쪽을 대변하기 위해 이 자리에 모인 것이 아니다. 최대한의 노력을 통해 가장 광범위한 세력들이 함께 모여야 한다."라고 강조했다.

진보신당은 제18대 총선이 코앞이었기 때문에 곧장 수도권 출마자들을 확정했다. 공동대표인 노 의원은 서울 노원병에, 심 의원은 경기 고양갑에 나가게 됐다. 목표는 두 자릿수 지지율과 비례대표 6번까지 당선시키는 것이었다. 노 의원은 지역구 슬로건으로는 '생태·교육·문화 1번지'를 내걸었다. 주요 공약으로는 동부간선도로 지하화, 경전철 구간연장, 강남-노원 교육격차 해소, 국공립 보육시설 50% 이상 증설 등이 있었다.

당시 여론조사에서는 노 의원이 홍정욱 한나라당 후보를 앞서면서

격전지로 꼽혔다. 그는 "서민들이 밀집해서 살고 있는 이 노원구가 다른 사람들이 이사 오고 싶어 하는 지역으로 발전하는 것이다. 서민의 진정한 대변자만이 이런 문제를 해결할 수 있다."라고 피력했다. 그러나 투표 결과 홍 후보는 43.10%, 노 의원은 40.05%를 득표해 3.05%(2343표) 차이로 낙선했다. 김성환 통합민주당 후보가 16.26%의 표를 얻으며 선전한 것이 컸다.

진보신당은 지역구에서 단 한 석도 얻지 못했다. 정당득표는 50만 4434표(2.94%)에 그쳤다. 봉쇄조항인 3%에 0.06%가 부족해 비례대표 의석조차 얻지 못했다. 짧은 시간 내에 창당을 하면서 자금, 조직 등 선거에 필요한 많은 것들이 부족했다. 정당득표율 2%를 넘겨 정당등록취소를 면한 것은 그나마 다행이었다. 진보신당은 4월 10일 성명을 통해 "진보신당은 계속 간다. 국민의 선택은 겸허히 받아들이겠다. 3월 16일 창당해 힘겨운 싸움이 되리라 예상했지만 결국 시간과의 싸움에서 승리하지 못했다."라고 밝혔다.

노 의원의 석패를 아쉬워하는 국민들의 자발적인 진보신당 살리기 움직임이 일어났다. 진보신당의 당원 가입이 급증하고, 후원금 문의가 쏟아졌다. 노 의원은 "워낙 진보신당이 알려지지 않은 상태에서 총선을 맞이했고 개표방송을 하면서 오히려 알려진 것 같다. 매일 200명 이상 신규 당원들이 생기니까 총선 패배의 아픔보다는 이후 전망에 대한 희망을 갖게 된다."라고 말했다.

노 의원에게 진보신당 창당과 총선 패배는 뼈아프지만 중요한 전환점이 됐다. 정치적 현실과 이상 사이에서의 고뇌를 경험했고, 진보정치의 본질에 대한 반성도 있었다. 생전 노 의원이 이념이 아닌 실용에 초점을 맞췄던 것은 오랜 경험에서 얻은 교훈이었다. 안타깝게도 노 의원이 죽음 이후 정의당의 갈라파고스화는 가속화됐다. 국민들과 눈높이를 맞추지 않고 정치인들이 자신의 주장만 옳다고 고집함으로써 완전히 고립 돼버렸다. 노동자, 서민, 청년이 공감하지 못하는 진보정당은 더 이상 설 곳이 없다. 온 힘을 다해 새로운 싸움을 시작해야 할 때다.

06

함께

　노회찬 의원은 진보정치가 기존의 이념적 순수성을 고수하는 대신 시민들과 함께해야 한다고 믿었다. 진보신당에서는 제18대 총선 패배 직후 재정비의 목소리가 높아졌다. 2008년 5월 16일 재창당에 대한 평당원 토론회가 진행됐다. 그러나 사회적 현안으로 떠오른 미국산 소고기 수입 철회 촛불집회에 당력을 집중하게 된다.
　진보신당 칼라TV는 진보의 세속화를 상징하는 대표적 사례이다. 칼라TV는 촛불집회 방송, 연행자 면회, 경찰서 항의 방문 등을 생중계했다. 칼라TV는 진보신당의 방송 채널로 기존의 언론매체에 의존하지 않고 대중들과 독자적으로 소통했다. 진보정당이 대중정당으로 자리매김하기 위한 전략적 변화였다. 노 의원은 칼라TV의 진행자로 활동했다. 특유의 유머 감각으로 정치적 메시지를 전달해 국민들로부터 인기를 끌었다. 칼라TV는 진보정치의 비전과 이념을 홍보하는 데 중요한 역할을 했다. 노 의원은 "촛불시위의 배후가 있다면 이명박 정부라고 생각한다. 이명박 정부의 잘못된 협상 때문에 건강을 걱정하는 국민들이 순수하게 모여서 시정을 요구하고 있는 것이다. 이것을 외면하는 자체가 문제이다."라고 직격탄을 날렸다.

진보신당은 촛불집회가 사그라들면서 재창당 작업에 다시 착수했다. 2008년 9월 지역별 순회 토론회를 진행했고 4대 가치인 평등, 생태, 평화, 연대 외에 다양한 목소리를 담아내야 한다는 의견이 제시됐다. 2009년 3월 29일 진보신당은 노 의원을 중심으로 단독 대표 체제를 출범시켰다. 노 의원은 취임사를 통해 "진보신당을 진정으로 서민을 위하는 집권정당으로 발전시키겠다. 이를 위해서는 다른 정치세력을 비판하기에 앞서 진보정당 스스로의 반성과 혁신으로부터 첫걸음을 내디뎌야 한다. 서민에게서 진정한 벗으로 인정받는 당으로 거듭나겠다. 민주노총에만 의존하는 정당이 아니라 민주노총으로부터도 소외된 더 낮은 곳의 노동자와 고용체계에서도 축출된 영세 자영업자들을 대변하는 데 주력하겠다. 서민중심형 복지동맹으로 노동의 정치를 강화하겠다."라고 밝혔다. 진보신당은 4월 29일 울산광역시 북구에서 조승수 진보신당 후보를 당선시키며 원내정당으로 거듭나게 된다.

그해 용산 참사와 쌍용자동차 사태가 있었다. 용산참사는 1월 20일 서울시 용산 재개발 보상대책에 반발하던 철거민과 경찰이 대치하던 중 화재로 사상자가 발생한 사건이다. 해당 화재로 6명이 사망하고 24명이 부상당해 경찰의 과잉진압이 도마 위에 올랐다. 칼라TV는 농성이 시작된 날부터 맞은편 건물에서 방송을 시작했고, 당시의 사건의 진상을 알리는데 일조했다. 노 의원은 "용산참사는 이스라엘의 무차별 폭격으로 공격당한 가자지구 같다. 경찰이 국민을 보호하는 게 아니라 국민 자신이 생명과 재산을 보호하기 위해 화염병을 드는 사회는 정상적인 사회가 아니다."라고 지적했다.

쌍용차 사태는 5월 22일부터 8월 6일까지 노조원들이 사측의 구조조정 단행에 반발해 평택 공장을 점거하고 농성을 벌인 사건이다. 경찰은 식수 반입과 의료진 투입을 막았고, 헬기로 최루액과 가스를 뿌리는 등 강경 진압에 나섰다. 칼라TV는 현장 상황을 생생하게 전달해 사건의 심각성을 널리 알렸고, 노 의원은 쌍용차 살인진압 반대와 평화적 해결을 위한 단식농성을 벌였다. 노 의원 "정부가 쌍용차를 살리는 것이 목표가 아니라 노조를 굴복시켜 노동시장 유연화를 관철하는 것을 목표로 삼음으로써 쌍용차 사태를 악화시키고 있다. 노사의 자율적인 마지막 교섭을 보장하고 진심으로 쌍용차 회생을 위해 나서야 한다."라고 촉구했다.

　노 의원은 이념적 논쟁은 과감히 탈피하고 시민 속으로 뛰어들었다. 오로지 노동자·서민들의 권리를 보호하고 연대하는데 최선을 다했다. 이 과정에서 진보진영 내 근본주의자들의 비판은 감수해야만 했다. 진보정당의 외연을 확장하고 정치적 영향력을 확대하기 위한 선택이었다. 그는 한 언론과의 인터뷰에서 "제가 말하는 세속화는 세상 속으로 들어가자는 뜻이다. 진보가 세상 속이 아닌 주변에 있지 않았느냐는 성찰 속에서 민생의 한복판에 뛰어들자. 국민의 상식 수준으로 달려가자는 것이다. 타락하자는 이야기가 아니다. 지금 진보는 국민을 설득하지 못한다. 노동자, 서민에게 지지를 못 받는다. 더 노동자, 서민 속으로 들어가 그들의 아픔이 무엇인지를 알고 잘 대변하도록 노력해야 한다."라고 말했다.

　현대사회에서 이념, 지역, 세대, 젠더 등 사회적 갈등은 더욱 복잡해지고 있다. 하나의 정당이 모든 사회적 목소리를 담아낼 수 있는지도 의문이다. 이런 상황에서 진보진영은 조금의 다름을 인정하지 않고 분열하고 있다. 그러나 서로를 함께할 수 있는 존재로 인정하지 않는다면 진보정당은 재건될 수 없다. 나만 옳다는 아집에서 벗어나 보다 유연한 사고가 필요하다.

07

복지

사진출처: 노회찬재단

　노회찬 의원은 2009년 11월 29일 서울시장 출마를 선언했다. 서울은 단순한 지역적 행정 단위를 넘어서 한국 정치의 중심지이다. 당연히 단순한 지역구 출마와는 다른 국가적 차원의 의미 있는 도전이었다. 당시 제시된 공약들은 사회 전반의 구조적 문제를 해결하기 위한 진보적 해법이 담겨있다. 교육, 노동, 보건의료, 주거·교통 등 복지정책들은 전국적으로 적용될 수 있는 모델들이었다.
　노 의원은 '엄마와 아이가 행복한 서울'을 슬로건으로 보편적 복지를 전면에 내세웠다. 그는 출마선언에서 "이제 바뀌어야 한다. 이제 서울에는 완전히 다른 것이 필요하다. 그것은 시민들의 삶의 여유이다. 시민들의 삶에서 걱정과 근심을 걷어내는 것이다. 시민들에게 보편적 복지와 더 좋은 일자리를 만들어 드리겠다. 아이에게 복지를 엄마에게 일자리를, 아이와 엄마로부터 시작해서 모두가 행복한 도시 서울. 이것이 제가 만들고자 하는 변하는 서울이다."라고 강조했다.

교육정책으로는 친환경 무상급식, 내 집 앞 국공립 어린이집, 아동수당 지급, 대학등록금 지원 등이 있었다. 노 의원은 서울 초등학교, 중학교 학생들에게 친환경 무상급식을 실시하겠다고 했다. 학부모는 연간 45만 원을 절감하고, 급식비를 지원받는 학생들은 마음의 상처를 받는 일이 사라진다는 생각에서였다. 이조차도 당시 보수진영에서는 포퓰리즘 정책이라고 비난했다.

국공립 어린이집은 1500개까지 확충하고, 100% 무상 보육을 약속했다. 4세까지는 월 10만 원씩 아동수당을 지급한다고 했다. 기초생활수급권자·차상위계층 대학생 3만여 명에게는 대학등록금 무이자 대출을 해주고, 서울시립대학교 등록금을 학기당 50만 원으로 인하하겠다고 밝혔다.

노동 정책은 복지 일자리 확대, 노동시간 단축, 비정규직 정규직 전환 등이 제시됐다. 노 의원은 국공립어린이집, 보건소, 작은 도서관 등을 통해 70만 일자리를 창출하겠다고 했다. 공공부문에서 비정규직 사용 남용을 막고 5만 명을 정규직으로 전환하겠다고 공약했다.

보건의료정책은 보건소 확충, 아동무상의료 등이 제시됐다. 노 의원은 주민의 건강 증진 및 질병 예방 서비스를 제공하는 보건소를 단계적으로 100곳까지 확충하고, 희귀 난치성 질환 지원 등 4세 미만 아동 무상의료 실시하겠다고 밝혔다.

주거·교통 정책은 공공임대주택 확충, 교통비 반값 등을 내걸었다. 노 의원은 공공임대주택 10만 호를 공급해 서민 주거안정을 꾀하고, 반값 정기권 도입을 통해 가구당 연 150만 원 정도의 비용을 줄여주겠다고 약속했다.

당시 오세훈 한나라당 후보가 당선됐는데 공교롭게도 한명숙 민주당 후보와 불과 0.6% 포인트 차이였다. 노 의원은 3.3%를 득표했고 단일화를 하지 않았다고 맹비난을 받았다. 그러나 이미 여론조사에서 1·2위 후보 간 격차는 20% 가까이 났고, 애초에 민주당 측에서 단일화를 제안한 적이 없었다. 노 의원은 "제가 얻은 표는 개인에 대한 지지 표라기보다는 이명박 정부도 심판해야겠지만 민주당도 어떤 책임을 물을 대상이라는 생각이 분명한 분들의 표이다. 한 후보 쪽에서 단일화를 위해 협상하자는 제안이 일절 없었다."라고 말했다.

노 의원의 서울시장 선거 완주는 그가 평생 들을 욕을 다 들은 황당한 사건으로 회자된다. 그러나 진보 재건을 위해 살펴봐야 할 것은 공약집이다. 노 의원이 서울시에서 어떤 진보적 대안을 고민했고 시민들에게 내놓았는지가 중요하다. 진보정치가 단순 구호에 그치지 않고 실질적으로 사회문제를 해결할 수 있는 능력이 있음을 보여줄 수 있는 도구가 될 수 있다. 지금 진보진영에 필요한 것은 해묵은 이념 논쟁이 아니라 국민의 살림살이를 나아지게 하는 정치다. 국민 속으로 들어가야 한다.

08

진심

　진보신당은 2010년 지방선거에서 야권연대가 아닌 독자노선을 추구하며 참패했다. 민주노동당과의 차별화에 노력했지만 국민들의 마음을 얻진 못했다. 노 의원은 총선을 앞두고 다른 정당들과 통합한 새로운 진보정당 출범이 필요하다고 봤다. 그러나 2011년 9월 4일 임시 당 대회에서 제동이 걸렸다. 노 의원은 서울에서 진보정당 최초의 지역구 의석 확보가 자신의 소명이라고 생각했다. 노 의원은 9월 23일 진보신당 탈당을 선언했다. 더 큰 진보정치를 진심 어린 행보였다.

　노 의원은 "진보신당 당 대회의 결정을 존중한다. 그러나 꺼져가는 진보 대통합의 불씨를 되살리기 위해 부득이 탈당하고자 한다. 오랫동안 동지적 우정을 함께 나눈 분들, 분에 넘치는 사랑을 베풀어주신 분들께 머리 숙여 사과의 말씀을 드린다. 정말 죄송하다. 늘 건강하라. 제대로 된 진보정당에서 다시 만날 날을 기약한다."라고 밝혔다.

　노 의원은 11월 20일 유시민 대표·이정희 의원과 함께 통합진보정당 출범을 선언했다. 진보신당 탈당파, 국민참여당, 민주노동당의 통합으로, 3인 공동대표 체제를 갖췄다. 하나의 당은 됐지만 세 정파 간 불편한 동거가 시작됐다. 제19대 총선에서 통합진보당은 지역구 7석, 비례대

표 6석을 확보했다. 당초 목표였던 교섭단체 구성은 무산됐지만 진보정당 역대 최다 의석을 얻었다. 노 의원은 서울 노병원에서 57.2%로 허준영 새누리당 후보에 압도적 승리를 거뒀다.

　선거 승리의 기쁨은 잠시였다. 비례대표 부정선거 의혹이 제기됐고, 통합진보당은 진상조사위원회를 구성해 조사에 나섰다. 진상조사위원회는 2012년 5월 3일 비례대표 후보 선거가 총체적 부실·부정선거였다고 결론을 내렸다. 온라인 투표에서 당원이 아닌 사람이 투표하고, 투표 과정에서 선거관리원이 아닌 당직자 지시로 네 차례나 프로그램에 손을 댄 것으로 조사됐다. 현장 투표에서는 선거인 명부에 같은 사람 글씨가 보이고, 투표용지 일련번호를 떼지 않거나 직인이나 사인이 없는 투표용지도 발견됐다. 옛 민주노동당 계열인 당권파는 결과를 수용할 수 없다고 반발했다. 결국 이석기·김재연 의원의 제명 처리 안이 부결됐고, 당시 강기갑 대표는 단식을 하며 타협을 호소했다. 당권파는 이조차도 거부했다.

　노 의원은 9월 3일 당 홈페이지를 통해 "지금 이 시각 강기갑 지도부의 마지막이 될지 모르는 통합진보당 최고위원회의가 열리고 있다. 오늘까지의 상황을 볼 때 파국은 이미 임박해 있다. 진보정당이 스스로 혁신하지 않고서는 세상을 바꾸는 일은 요원하다. 동시에 진보세력이 단결하고 외연을 넓히지 않고서는 집권 근처에도 갈 수 없다. 마지막으로 호소한다. 이석기 의원은 저와 함께 의원직을 동반 사퇴하자. 따지고 보면 우리 모두의 잘못이다. 국민에 대한 죄송함과 밑바닥에서부터 다시 노력하겠다는 결의를 보여주자."라고 파격적인 제안을 했다.

　간절한 호소에도 달라지는 것은 없었다. 노 의원은 9월 13일 심상정 의원, 유 대표 등과 함께 통합진보당을 탈당했다. 그때 주체사상파(NL)의 중심축인 인천연합까지 당을 떠나면서 통합진보당은 6석으로 축소됐다. 노 의원은 "어느 것도 확실하게 보장되지 않은 불안정하고 혼돈에 찬 길이지만 그래도 갈 것이다. 국민과 당원들을 믿고 새로운 대중적 진보정당 창당의 길로 나아가겠다."라고 말했다.

노 의원에게 민주노동당·진보신당·통합진보당 탈당은 뼈아픈 일이었다. 그는 단 한 번도 사익을 위해 당을 떠난 적은 없다. 오직 진보정치의 이상과 외연확장이라는 현실을 위한 진심뿐이었다. 노 의원이 우리에게 남긴 과제는 명확하다. 진보정당이 어떻게 더 많은 지지를 받고, 통합과 연대를 이루고, 대중적 신뢰를 회복할 수 있을지에 대한 고민과 실천이다. 정당의 목적은 정권창출이다. 지금처럼 이념적 순수성에 빠져 스스로 고립을 자처한다면 시민단체를 해야지 정당을 해서는 안 된다.

09

초심

사진출처: 노회찬재단

노회찬 의원에게 세 번째 탈당은 정치를 그만둬야 하는 것이 아닌가 고민할 정도로 고통스러운 일이었다. 그러나 진보정치의 앞날을 위해서는 멈출 수 없었다. 초심으로 돌아가 다시 시작하는 길뿐이었다. 새진보정당추진회의는 2012년 9월 16일 노 의원과 조준호 전 최고위원을 공동대표로 선출했다. 당시 노동계와 다른 진보정당들과의 통합을 추진했으나 끝내 실패했다.

노 의원은 9월 27일 국회에서 기자회견을 열고 ▲노동기반 대중정당 ▲시민참여 진보정당 ▲현대적 생활정당 ▲진보대표정당 등 네 가지 방향성을 제시했다. 그는 "오늘 이 시간부터 본격적인 새진보정당 창당에 나서서 진보정치 재건과 진보적 정권교체라는 자신의 책임을 수행해 나갈 것이다. 과도적 성격의 정당을 10월 중 우선 창당하고, 대선을 마친 후 2013년 노동진보진영을 비롯한 제세력과 함께 명실상부한 진보대표정당을 창당해 가기로 결정했다. 새진보정당은 1단계 창당 후 그 무엇보다 정권교체를 위해 매진할 것이다. 문재인 민주통합당 후보와 안철수 무소속 후보만으로는 포괄할 수 없는 진보 개혁적 유권자들을 결집시켜 정권교체의 가능성을 극대화하겠다."라고 밝혔다.

새로운 당명은 10월 7일 창당준비위원회 결성대회에서 진보정의당으로 확정됐다. 당초 당명 후보로는 노동복지당, 사회민주당, 열린참여당 등이 검토됐다. 창당에 참여한 계파별로 자신들의 정체성을 담은 당명을 주장했지만 전부 기각됐다. 그렇게 최종 후보에 진보정의당과 사회진보당이 올랐고, 진보정의당이 근소한 차이로 채택됐다.

진보정의당은 7석으로 원내 3당이었지만 정치적 입지는 위태로웠다. 진보정의당, 통합진보당, 진보신당, 등으로 분열하면서 기존 진보정당에 대한 국민적 피로도와 실망이 너무나도 컸다. 그 빈틈을 '안철수 현상'이 파고들었다. 대선을 앞두고 새 정치를 내세운 안 후보에게 모든 관심이 쏠리면서 진보정의당은 자신들의 정책과 메시지를 알릴 기회를 박탈당했다.

진보정의당은 정권교체를 위해 야권단일화에 동참할 것이라고 선언했다. 노 의원은 한 언론과의 인터뷰에서 "제3자의 한 축으로 단순히 참여하는 것이 아니라 저희들이 대변하는 진보적인 열망을 가지는 지지층, 국민들의 요구가 최대한 반영될 수 있도록 하는 것이 저희들이 사명이라고 생각한다. 사람만으로 정권교체가 돼선 안 된다. 정책이나 향후 정권이 가야 할 방향이 우리 사회를 진보적으로 계획하는 방향이어야 된다. 그런 점에서 진보적 정권교체라는 프로그램에 적극적으로 참여할 의사가 있다."라고 말했다.

당시 노 의원은 대통령 선거 출마를 고심했다. 그러나 심상정 의원과의 경선은 피해야 한다고 생각했다. 그러나 두 사람 간 전혀 소통이 이뤄지지 않았고, 노 의원은 10월 12일 출마 접수 마감시간 29분을 남겨놓고 대선 후보 추대 불발에 유감을 표명하고 불출마를 선언했다. 심 의원은 10월 21일 진보정의당 창당대회에서 대통령 후보로 선출됐다. 그러나 11월 26일 정권교체와 야권 단일화를 위해 대통령 후보를 사퇴했다.

노 의원에게 진보정의당 창당은 진보 정치의 재정립을 위한 몸부림이었다. 그에게는 통합진보당 내 갈등과 부정 경선 여파를 딛고 새로운 길을 열어야 한다는 책임감이 있었다. 노 의원은 진보정당이 내부 권력 싸움에 치중하는 현실을 비판적으로 바라보고 진보 정치의 가치와 목표를 다시 세우고자 노력했다. 현재 진보정당들은 본질을 망각한 채 또다시 뿔뿔이 흩어져있다. 하나의 더 큰 세력으로 국민에게 다가서야만 과거의 영광을 재현할 수 있다. 이대로 진보의 미래는 없다.

10

연대

노회찬 의원의 '6411 버스' 연설은 진보정당의 정체성을 드러내면서 많은 사람들에게 깊은 인상을 남겼다. 노 의원은 7분 39초 동안 우리 사회에서 소외된 노동자들을 대변하는 정치가 필요함을 역설했다. '투명인간' 취급을 받는 사람들에 대한 관심과 연대가 진보 정치의 핵심 가치임을 환기시킨 것이다. 해당 연설은 진보정당의 정신과 가치가 고스란히 남겨 있으며, 더 이상의 첨언이 필요가 없을 정도로 완벽하다.

노 의원은 2012년 7월 21일 진보정의당 당 대표 수락 연설에서 "6411번 버스라고 있다. 서울시 구로구 가로수 공원에서 출발해서 강남을 거쳐서 개포동 주공 2단지까지 대략 2시간 정도 걸리는 노선버스이다. 내일 아침에도 이 버스는 새벽 4시 정각에 출발한다. 새벽 4시에 출발하는 그 버스와 4시 5분경에 출발하는 그 두 번째 버스는 출발한 지 15분 만에 신도림과 구로시장을 거칠 때쯤이면 좌석은 만석이 되고 버스 사이 그 복도 길까지 사람들이 한 명 한 명 바닥에 다 앉는 진풍경이 매일 벌어진다."라고 밝혔다.

노 의원은 "새로운 사람이 타는 일은 거의 없다. 매일 같은 사람이 탄다. 그래서 시내버스인데도 마치 고정석이 있는 것처럼 어느 정류소에서 누가 타고, 강남 어느 정류소에서 누가 내리는지, 모두가 알고 있는 매우 특이한 버스이다. 이 버스에 타시는 분들은 새벽 3시에 일어나서 새벽 5시 반이면 직장인 강남의 빌딩에 출근을 해야 하는 분들이다. 지하철이 다니지 않는 시각이기 때문에 매일 이 버스를 이용하고 있다. 한 분이 어쩌다가 결근을 하면 누가 어디서 안 탔는지 모두가 다 알고 있다. 그러나 시간이 좀 흘러서 아침 출근시간이 되고, 낮에도 이 버스를 이용하는 사람이 있고, 퇴근길에도 이 버스를 이용하는 사람이 있지만 그 누구도 새벽 4시와 새벽 4시 5분에 출발하는 6411번 버스가 출발점부터 거의 만석이 돼서 강남의 여러 정류장에서 50·60대 아주머니들을 다 내려준 후에 종점으로 향하는지를 아는 사람은 없다."라고 말했다.

노 의원은 "이분들이 아침에 출근하는 직장도 마찬가지이다. 아들딸과 같은 수많은 직장인들이 그 빌딩을 드나들지만 그 빌딩에 새벽 5시 반에 출근하는 아주머니들에 의해서 청소되고 정비되고 있는 줄 의식하는 사람은 없다. 이분들은 태어날 때부터 이름이 있었지만 그 이름으로 불리지 않는다. 그냥 아주머니입니다. 그냥 청소하는 미화원일 뿐이다. 한 달에 85만 원 받는 이분들이야말로 투명인간이다. 존재하되 그 존재를 우리가 느끼지 못하고 함께 살아가는 분들이다. 지금 현대자동차 그 고압선 철탑 위에 올라가 있는 비정규직 노동자들도 마찬가지이다. 스물세 명씩 죽어나간 쌍용자동차 노동자들도 마찬가지이다. 저 용산에서 지금은 몇 년째 허허벌판으로 방치되고 있는 저 남일당 그 건물에서 사라져 간 그 다섯 분도 역시 마찬가지 투명인간이다."라고 강조했다.

노 의원은 "저는 스스로에게 묻는다. 이들은 9시 뉴스도 보지 못하고 일찍 잠자리에 들어야 하는 분들이다. 그래서 이 분들이 유시민을 모르고, 심상정을 모르고, 노회찬을 모를 수도 있다. 그러나 그렇다고 해서 이 분들의 삶이 고단하지 않았던 순간이 있었겠느냐. 이분들이 그 어려움 속에서 우리 같은 사람을 찾을 때 우리는 어디에 있었느냐. 그들 눈앞에 있었느냐. 그들의 손이 닿는 곳에 있었느냐. 그들의 소리가 들리는 곳에 과연 있었느냐. 그 누구 탓도 하지 않겠다. 오늘 우리가 함께 만들어 나가는 진보정당이 대한민국을 실제로 움직여온 수많은 투명인간들을 위해 존재할 때 그 일말의 의의를 우리는 확인할 수 있을 것이다."라고 밝혔다.

노 의원은 "사실상 그동안 이런 분들에게 우리는 투명정당이나 다름없었다. 정치한다고 목소리 높여 외치지만 이분들이 필요로 할 때, 이분들이 손에 닿는 거리에 우리는 없었다. 존재했지만 보이지 않는 정당. 투명정당. 그것이 이제까지 대한민국 진보정당의 모습이었다. 저는 이제 이분들이 냄새 맡을 수 있고 손에 잡을 수 있는 곳으로 이 당을 여러분과 함께 가져가고자 한다. 여러분 준비됐느냐. 강물은 아래로 흘러갈수록 그 폭이 넓어진다고 한다. 우리의 대중 정당은 달리 이뤄지는 것이 아니라 더 낮은 곳으로 내려갈 때 실현될 것이다."라고 말했다.

노 의원은 노동자와 서민을 위한 정치를 내세워 진보정치를 새롭게 각인시켰다. 진보정당 내부의 엘리트주의와 패권 다툼에 대한 일침이기도 하다. 그동안 고학력, 엘리트 중심의 진보 정치가 사회적 약자들의 목소리를 충분히 대변하지 못했다는 지적이다. 노동자들의 현실적 어려움을 정치적 의제화하지 못하면 진보정당의 존재가치는 사라진다. 결국 정치적 엘리트와 사회적 약자 사이의 간극을 좁혀야만 한다. 진보정당이 추구하는 이상이 과연 누구를 위한 것인지 스스로 되돌아봐야 할 시점이다.

11

신념

사진출처: 노회찬재단

　노회찬 의원의 정치적 신념은 '사회민주주의'이다. 노 의원은 사회주의의 이상과 원칙을 실현시키는 유일한 길은 사민주의라고 믿었다. 자본주의 체제에서의 불평등 심화를 해결하고, 노동자와 서민을 보호하는 체제를 추구해야 한다고 봤다. 복지 시스템 구축을 넘어 민주주의 참여 확대를 목표로 삼았다. 이제 사회주의와 사민주의를 구분을 지으려고 하는 것이 무의미하다고 생각했다.

사민주의는 수정주의적 마르크스주의의 한 갈래다. 독일의 사상가 에두아르트 베른슈타인(Eduard Bernstein)은 주주자본주의, 중산층 증가 등 자본주의가 구조적으로 변화했다고 지적했다. 이를 근거로 기존 마르크스주의의 핵심인 계급투쟁, 혁명 등을 부정하고 선거를 통한 집권으로 선회했다. 정책적 방향은 자본주의를 길들이는 것으로 변화했는데 전면 국유화 반대, 계획경제 포기, 케인스주의 채택, 국가개입주의, 부의 재분배 등이 있다. 현대 사민주의는 노동조합과 긴밀히 연계하며 보편적 복지, 불평등 해소 등에 전념하고 있다.

사민주의는 전 세계에서 수많은 정당들이 채택하고 있다. 대표적으로 독일 사회민주당, 프랑스 사회당, 영국 노동당, 이탈리아 민주당, 스페인 사회주의노동자당 등이 있다. 특히 1875년에 정식 창당된 사민당은 독일에서 가장 오래된 정당으로, 유럽 사민주의의 주도적 역할을 하고 있다. 중도 좌파 정당인 사민당은 중도 우파 정당인 기독교민주연합과 함께 독일의 양대 정당 중 하나다.

노 의원은 한 언론과의 인터뷰에서 "서민 중심의 복지동맹으로 가야 된다. 사실은 민주노동당도 사민주의 노선이다. 19세기말 20세기 초반의 역사 속에서 사민당과 다른 사회주의정당들이 세계대전 참가 등으로 오히려 적보다 더 심하게 대립하고 싸웠던 것이다. 오늘날 그것이 구분될 이유는 없다. 결국에 지금 한국에서 좌파라고 하는 사람들이 이 영역에 속해 있다. 굳이 무슨 사회주의냐는 것은 불필요한 이념 논쟁으로 들어갈 수 있다."라고 지적했다.

노 의원은 "사민주의가 복지국가를 만든 것은 우리가 많이 알고 있지만 이데올로기로 접근하기보다는 구체적인 정책으로 접근해야 한다. 제가 노원구에서 보험설계하는 아주머니들 한 200명 초정교육이 있어서 갔는데 핀란드 교육제도를 설명했더니 사교육비 내는 만큼 세금을 더 내도 좋다고 이야기를 했다. 정치적으로 의미가 있으려면 노선을 중심으로 새로운 재결집이 일어나야 한다. 드디어 서민을 위한 제대로 된 정당이 있다. 복지정책을 중심으로 국민들에게 먼 미래가 아니라 당장 이것을 실현시키겠다는 진보정당을 만들어야 한다."라고 강조했다.

노 의원에게 사민주의를 현실정치에 어떻게 적용해 나갈지는 늘 고민거리였다. 그는 2014년 저서 '대한민국 진보, 어디로 가는가?'에서 "가장 중요한 문제는 정치를 재인식하는 것이다. 현실의 국민과 소통하고, 이해를 구하고, 지지를 얻고 참여를 도모하는 것이다. 그런데 우리는 정치를 자기 운동의 관성과 관념을 위한 하나의 수단으로 본다."라고 말했다.

노 의원은 "한국의 진보는 운동과 정치를 잘 구분하지 못하고 있다. 운동이 정치의 우위에 있거나 더 높은 가치를 지향하는 것으로 오해하고 있다. 그런 편견에서 벗어나야 한다. 심지어 정치는 나쁜 것이라는 반정치적인 측면까지 있다. 정치를 안 할 사람이라고 하면 도덕적 우위를 부여한다. 정치를 건강하게 인식하지 못하고 있는 것이다."라고 비판했다.

노 의원은 "우리는 그동안의 관념성을 버리고 적극적으로 정치의 영역을 활용하는 현실주의적 접근을 중시해야 한다. 아직도 활동가들의 목표 자체가 굉장히 비현실적인 경우가 많다. 자기 이상은 높고 자기는 옳다고 주장한다. 대중이 그렇지 않다고 평가해도 인정하지 않는다. 사람들이 아직 잘 모르고 의식이 낮아서 그런 것이라고 이야기한다. 선거를 위한 활동은 자신들의 순수성이나 이상주의적 지향을 오염시킬 수 있는 것으로 치부한다. 그러나 정치는 엄연한 하나의 현실이고, 진보주의자의 기본 덕목은 실사구시이다."라고 밝혔다.

　유럽에서 사민주의는 이미 오랜 역사를 지닌 '올드패션'에 가깝다. 반면 우리나라에서는 급진적인 정치사상으로 '뉴패션'에 속한다. 이는 전쟁, 분단, 독재 등 역사적 배경 탓에 복지 및 노동권에 대한 충분한 논의가 이뤄지지 못했기 때문이다. 현재 소득 불평등, 노동권 사각지대, 사회적 안전망 부족 등을 비춰볼 때 사민주의는 대한민국에 반드시 필요한 이념이고 정당이다. 서구의 사민주의를 무조건적으로 수용한다기보다는 우리나라의 상황에 맞는 정책 연구가 선행돼야 하고, 정치적 제안과 실행을 지속적으로 시도해나가야 한다.

12

소통

"세월호는 진도 앞바다에 침몰했지만 국민들은 대한민국호가 침몰하고 있다는 위기감을 느꼈다."

2014년 5월 27일 노유진의 정치카페 첫 팟캐스트 방송이 시작됐다. 1화는 '세월호와 다섯 개의 치즈 구멍'으로 정부책임론을 강력하게 제기했다. 노회찬 의원은 "세월호 참사에서 재난안전 구조시스템이 무용지물이 된 상황은 100% 정권의 책임이다. 정치적으로 수습하는 과정에서 드러난 리더십의 부재, 무능, 무책임이 사건을 키운 것이다. 대통령은 있었지만 국가는 없었다. 국기, 애국가, 국호는 있었지만 국가는 없었다. 혼자 사는 방법을 강구하기보다는 국가 시스템을 복원해야 한다."라고 지적했다.

1억 3000만 회 다운로드. 노유진의 정치카페는 다양한 정치현안을 다루는 방송으로 1편당 평균 100만 명이 들었을 정도로 높은 관심을 받았다. 팟캐스트는 애플 아이팟(iPod)과 방송(Broadcast)이 합쳐진 단어로, 관심 있는 프로그램을 내려받아 아무 때나 들을 수 있는 새로운 개념의 맞춤형 개인 미디어이다. 유튜브 이전에 가장 주목받았던 플랫폼 중 하나다. 노 의원이 참여했던 다양한 에피소드들은 사후에도 많은 사람들에게 정치적 영감을 주고 있다.

　노 의원에게 노유진의 정치카페는 대중과의 소통이라는 측면에서 특별한 의미를 지녔다. 단순한 정치 토크쇼를 넘어 진보적 가치를 전파하고 공감대를 형성하는데 주력했기 때문이다. 1부는 유시민 작가가 '타임라인'이라는 코너로 정치 시사의 핵심을 다뤘다. 2부는 외부 전문가를 초청해 대화를 나누는 '100분 토크'로 운영됐다. 노 의원은 특유의 유머와 통찰력으로 무거운 정치적 주제를 쉽게 풀어내며 정치의 중요성을 알리는데 기여했다. 아쉽게도 노 의원이 제20대 총선에서 당선되면서 100회째 방송이 마지막이 됐다.

　노 의원은 2016년 4월 18일 사회관계망서비스(SNS)에서 "노유진의 정치카페 마지막 방송 녹음을 마쳤다. 유시민·진중권 두 사람은 시원하다면서도 섭섭해하는 분위기이다. 사실 첫 방송을 할 때만 해도 2년씩 갈 줄은 아무도 생각하지 못했다. 당시 6·4 지방선거를 앞두고 정의당을 알리기 위한 당 차원의 요청을 흔쾌히 받아들이면서도 한두 번 정도 하면 되는 줄 알았는데 계속하자는 요구로 뿌리칠 수가 없었다. 물론 세 사람은 무보수로 일했다. 대가는 매주 한 번씩 방송하기 전에 자장면을 사주더니 청취자가 늘고 유료광고도 들어오자 좀 더 나은 식사로 바뀌었을 뿐이다. 방송내용을 출판하며 인세수입까지 당으로 들어가게 되자 우리는 외부 게스트의 출연료 인상을 당당하게 요구했고 이를 관철시키는 기쁨을 맛보기도 했다."라고 소회를 밝혔다.

　노 의원은 "길거리에 만나는 청년 중에 '저 지금 듣고 있는 중이에요' 하면서 귀에 꽂힌 이어폰을 가리키는 경우도 종종 있었다. 선거과정에서 방문한 재래시장 옷 수선 가게의 60대 아주머니가 '잘 듣고 있어요'라고 말할 때는 목이 메는 감동이 밀려왔고, '노유진 듣고 입당했다'는 이야기를 들을 때마다 자부심을 느끼기도 했다. 정보기술(IT) 혁명으로 인해 모든 국민이 언제 어디서나 데이터통신을 사용하게 되면서 우리 생활도 혁명적으로 변화하고 있다. 그중의 하나가 뉴미디어의 출현이며, 노유진의 정치카페는 가능성을 보여주는 아주 작은 사례일 뿐이다. 올드 미디어에 지친 사람들에게 뉴미디어가 새로운 방식의 소통을 가능하게 하면서 우리의 민주주의도 새롭게 발전할 계기를 갖게 된다. 뉴미디어가 이미 뉴데모크라시를 열어가고 있다는 사실을 '노유진'이 충분히 보여주지 않았느냐. 그럼에도 불구하고 회자정리(會者定離)이다. 만나면 언젠가는 헤어지게 되어 있다. 그리고 이왕 헤어지는 것이라면 헤어질 이유가 없을 때 헤어지는 것도 현명한 선택이다. 일각에선 헤어진 사람은 반드시 돌아오는 법이라며 거자필반(去者必返)을 이야기하지만 장강의 뒷 물결이 도도히 흘러오길 기대한다. 꽃이 2년간 피었으면 충분히 핀 것이다."라고 말했다.

현재 우리 사회에서 정치 이야기는 금기이다. 가족, 연인, 친구 사이에서도 웬만하면 하지 말자고 하는 것이 일반적이다. 이러한 소통의 부재는 대한민국의 민주주의가 더 이상 앞으로 나아가지 못하는 이유 중 하나다. 당시 노유진의 정치카페는 정치 혐오와 무관심을 줄이는 데 기여했다. 이를 통해 우리의 삶과 밀접하게 연결된 문제라는 인식을 심어줬고 다양한 목소리를 전달했다. 이제는 정당과 정치인들의 SNS 활동은 일상화됐다. 그러나 양방향의 소통이 아닌 일방적인 선동만이 존재한다. 정치 엘리트들이 자기 의견을 강력히 주장하고, 상대 정당을 이기려고만 든다. 사회적 약자들에게 귀를 기울이고, 이야기를 전달하는 사람이 없다. 그에 대한 그리움이 사무치는 때다.

13

재미

사진출처: 노회찬재단

    노회찬 의원은 자타공인 달변가이다. 단순히 말을 능숙하고 막힘이 없이 잘하는 것이 아니라 재미가 있다. 방송토론 때마다 방청객과 국민들의 폭소를 자아냈고, 섭외 1순위일 정도로 인기가 좋았다. 기성 정치인들처럼 마음에도 없는 소리가 아닌 서민들의 언어로 약자들을 대변했다. 그중 가장 돋보였던 것은 생활 속 언어의 활용이었다.

    노 의원은 부유세 논쟁을 '암소갈비와 라면'으로 풀어내 화제가 됐다. 그는 2004년 4월 9일 SBS에서 "돈 많이 벌어서 비싼 음식 먹은 것을 누가 탓하느냐. 그런데 옆에서 굶고 있다는 것이다. 옆에서 굶고 있는 암소갈비 뜯어도 되느냐. 암소갈비 뜯는 사람들 불고기 먹으라는 것이다. 그럼 옆에 있는 사람이 라면을 먹을 수 있다."라고 강조했다.

유전무죄 무전유죄는 '농민과 노동자'를 예시로 더 쉽게 설명했다. 노 의원은 2004년 10월 14일 국정감사에서는 "대한민국에서 법 앞에 만인이 평등한 것이 아니라 만 명만 평등한 것이 아니냐. 수십 년 간 땀 흘려서 농사를 지으면서 우리 사회에 기여한 점을 감안해 감형한다거나 산업재해와 저임금에도 불구하고 수십 년 간 땀 흘려 일하면서 이 나라 산업을 이만큼 발전시키는데 기여한 공로가 있는 노동자이므로 감형을 한다는 예를 본 적이 없다."라고 밝혔다.

노 의원은 복지공약 축소를 '보일러'에 빗대어 비판했다. 그는 2010년 5월 18일 MBC에서 "거꾸로 타는 보일러가 있다는 이야기는 들었지만 복지공약이 왜 자꾸 거꾸로 축소되는지 묻고 싶다. 하나고등학교가 무슨 강남·북 교육 격차를 해소하느냐. 강북에다가 루이뷔통 명품관을 지어 놓으면 강남·북 격차가 해소되느냐. 부자들의 격차 해소해 줄지는 몰라도 강남·북 격차를 해소한 것은 아니다."라고 말했다.

안철수 전 교수의 서울 노원병 출마는 '동네빵집'으로 풍자했다. 당시 노 의원은 삼성 X파일 사건으로 의원직을 상실했고 재보궐선거가 예정돼 있었다. 그는 2013년 3월 4일 BBS라디오에서 "이제까지 새 정치, 정치개혁을 주로 내세웠던 분이기 때문에 정치에 들어서는 과정도 개혁적인 철학에 걸맞아야 되지 않느냐. 진보정의당 입장에서는 서울에서의 유일한 의석이고, 저희들은 억울하게 상실했다고 생각하고 있다. 사실상 동네 빵집으로 어렵게 이룬 상권에 대기업 브랜드가 들어오는 상황이다."라고 지적했다.

노 의원은 박근혜 전 대통령 탄핵에 대한 법적 절차 문제제기를 '화재 상황'에 비유했다. 그는 2016년 11월 15일 JTBC에서 "최종적인 것은 법으로 결정이 난다. 그런데 그때까지 아무 이야기도 안 해야 된다고 하면 이승만 하야하라고 한 국민들은 무엇이며, 전두환 독재 물러가라고 한 국민들은 무엇이냐. 불이 나면 불이야라고 소리를 질러야 그것이 불인이 아닌지, 어떻게 불이 났는지, 누가 방화범인지까지 다 조사한 뒤에 불이야 이야기를 하느냐."라고 밝혔다.

고위공직자범죄수사처(공수처) 설치 반대 논리는 '모기와 에프킬라'로 맞섰다. 노 의원은 2017년 9월 20일 TBS라디오에서 "일종의 상설특검을 제도화하는 게 공수처이다. 대통령과 친인척, 국회의원, 장성급 장교들, 판사, 검사 다 포함된다. 동네파출소가 생긴다고 하니까 동네 폭력배들이 싫어하는 것과 똑같은 것이다. 모기들이 반대한다고 에프킬라 안 사느냐."라고 말했다.

적폐청산 문제는 주로 '청소'에 비유했다. 노 의원은 2018년 1월 2일 JTBC에서 "청소할 때 청소를 해야지. 청소하는 것이 먼지에 대한 보복이다. 그렇게 얘기하면 되나."라고 꼬집었다. 같은 해 3월 13일 트위터에서는 "MB(이명박 대통령)가 드디어 검찰청 포토라인에 섰다. 늦었지만 청소하기 좋은 날이 왔다. 이 기회에 말끔히, 깨끗이 청소해야 한다."라고 적었다.

자유한국당이 평창올림픽을 평양올림픽으로 평가절하하자 '평양냉면'을 꺼내들었다. 노 의원은 2018년 1월 24일 TBS라디오에서 "올림픽 정신이 추구하는 게 평화이다. 평양올림픽이 뭐냐. 평양에 콤플렉스가 있느냐. 왜 냉면은 다 평양 아니면 함흥이냐. 서울냉면, 수원냉면은 왜 없느냐. 대한요식협회에 이거 완전히 정치적으로 중립이 깨진 거 아니냐고 항의를 해야 하는 것 아니냐."라고 꼬집었다.

노 의원의 유쾌한 어록은 차고 넘친다. 대표적인 몇몇의 사례만 살펴 봐도 엄청난 내공이 느껴진다. 원고에 쓰여 있는 진부한 말이 아닌 전부 다 사람들의 귓속에 아주 쉽게 꽂히는 문장이다. 단순한 유머를 넘어 진보적 의제를 제시하고, 진보정당이 지지 기반을 다지는 데 큰 도움이 됐다. 이는 정치가 특정 계층의 전유물이라는 인식에 대한 도전이었고, 실질적으로 민주주의가 확대될 수 있도록 시민 참여를 이끌어냈다.

14

일침

　노회찬 의원은 진보진영의 최전방 공격수였다. 그의 스타일은 일방적인 비판보다는 상대의 약점을 부드러운 언어로 정밀 타격하는 것이었다. 그렇게 보수 진영의 논리적 허점을 집요하게 파고들었고, 정부·여당의 정책적 모순을 폭로했다. 보수 정치인들에게 공개 토론에서 결코 만나고 싶지 않은 기피대상이었다.

　노 의원은 제17대 총선 당시 정치권 물갈이론을 들고 나왔다. 그는 2004년 1월 15일 MBC에서 "3급수에다 2급수를 타면 그게 2급수가 되느냐. 조금 더 나은 3급수이다. 국민은 1급수를 원하고 있다. 마실 물을 원하고 있는데 왜 3급수에 2급수를 타고 있느냐."라고 비판했다.

　공전의 히트를 친 것은 '삼겹살 불판론'이었다. 노 의원은 2004년 3월 20일 KBS에서 "한나라당과 민주당 그동안 고생 많이 했다. 이제 퇴장하라. 이제 우리 국민들도 50년 동안 썩은 판을 갈아야 한다. 50년 동안 똑같은 판에다 삼겹살을 구워 먹으면 고기가 시커메진다. 판을 갈 때가 왔다."라고 말했다.

　노 의원은 2004년 4월 22일 YTN에서 총선 결과에 대해 "완전히 새판으로 갈리길 희망했다. 막상 다른 판이라고 가져왔는데 보니까 한

2~3년 된 중고판이어서 고민이 많았다. 지난번 판보다는 괜찮은데 군데군데 세척이 덜 된 곳도 있고, 굽다만 고기도 그대로 남아있고, 물론 새 고기도 좀 온 것 같은데 완전히 새고기는 아니다."라고 평가했다.

열린우리당과 한나라당이 국회에서 좌파논쟁을 벌이자 양당에게 일갈했다. 노 의원은 2004년 11월 12일 국회 대정부질문에서 "좌파, 좌파 하지 좀 마라. 진짜 좌파정당은 가만히 있는데 좌파가 아닌 사람들끼리 왜 그러나. 짝퉁을 명품이라고 하면 허위사실 유포이다."라고 날을 세웠다.

노 의원은 한나라당 내 친박근혜와 친이명박 세력의 갈등을 '위장 결혼'이라고 꼬집었다. 그는 2009년 5월 8일 MBC에서 "위장 결혼 아니냐. 사랑 없이 위장 결혼하는 것보다 별거해서 서로 쿨하게 지내는 것도 괜찮다."라고 말했다.

진보진영의 야권연대에 대한 비판은 딱 한마디로 정리했다. 노 의원은 2012년 4월 6일 SBS에서 "왜 두 당이 서로 다른데 연대하느냐, 같으면 통합을 해야 하는데 다르기 때문에 연대하고 있다. 사실 한국하고 일본하고 서로 사이도 별로 안 좋지만 외계인이 쳐들어오면 연대해야 되지 않느냐."라고 맞섰다.

노 의원은 보수진영의 건국절 주장을 한방에 깨부쉈다. 그는 2017년 8월 16일 TBS라디오에서 "자유한국당의 정신적 지주·원천이 자유당으로까지 올라가고, 더 올라가서 친일 부역세력들까지 올라간다는 뜻이라고 본다. 불필요한 역사 논쟁으로 자꾸 끌고 가는 건데, 성찰 또는 새로운 혁신으로 극복하려 하지 않고 통증을 무마시키는 마약주사 같은 것이다. 프로포폴 주사를 자꾸 맞는 것이다."라고 지적했다.

박근혜 대통령 탄핵 이후에도 친박근혜, 비박근혜 논쟁이 일자 일침을 날렸다. 노 의원은 2018년 7월 5일 JTBC에서 "왜 자유한국당에는 친박·비박만 있느냐. 친국민은 왜 없느냐. 보수는 원래 반국민이냐. 보수도 친국민이 있을 수 있지 않느냐. 자유한국당이 빨리 해산돼야 보수에 희망이 있다고 생각한다. 제가 자유한국당 원내대표라면 자유한국당 수명단축에 노력을 다하겠다."라고 말했다.

노 의원에 버금가는 진보 논객이 없다. 그의 발언에는 깊이가 있었고 대중적 설득력이 뒷받침됐다. 지금은 상황이 다르다. 정치인들이 국민 전체가 아닌 정당 지지자만을 바라본다. 소속 정당에서 인기를 얻기 위해 독한 말과 호통에만 집중한다. 서민들의 삶에 대한 공감과 날카로운 통찰이 보이지 않는다. 거대 양당을 넘어 진보정당이 확장성을 갖기 위해서는 대중과의 소통 능력을 갖춘 정치인이 절실하게 필요하다.

15

소망

사진출처: 노회찬재단

    노회찬 의원에게는 '헌법 개정과 선거제도 개혁'이라는 간절한 소망이었다. 개헌은 민주주의 강화, 권력 분산, 기본권 및 경제·사회권 강화 등에 초점을 맞췄다. 선거제도는 정당의 득표율에 연동해 의석을 배정하는 연동형 비례대표제를 꿈꿨다. 조승수 전 의원은 2018년 12월 1일 CBS라디오에서 "노 의원이 평소에 만약 평등한 선거제도 도입이 가능하다면 악마에게 영혼이라도 팔겠다고 할 정도로 굉장히 중요하게 생각했던 부분이다."라고 전했다.

　노 의원은 대통령 5년 단임제를 골자로 하는 '87년 체제'는 수명이 다했다고 봤다. 그는 정의당 헌법개정특별위원장으로서 '국민을 위한 헌법 개정안'을 발표했다. 노 의원은 당내 논의 시작부터 "당 개헌안은 정의당이 만들 세상을 보여주는 것이다. 광범위한 사람들의 이해관계가 있는 정보기본권, 주거권 등 보편적인 삶에 대한 것이 필요하고 노동문제는 강하게 가야 한다."라고 강조했다.

　국민헌법은 전문·총강·기본권, 경제·재정, 지방분권, 정당·선거, 사법부 등 5개 분야로 이뤄져 있다. 전문에는 현행 헌법에 명기돼 있는 4·19 민주이념에 더해 5·18 광주민주화운동, 6·10 항쟁, 촛불시민혁명을 계승한다고 명시했고 노동이 존중되는 사회정의 실현과 사람과 자연이 공존하는 세상을 추가 제시했다. 총강에는 헌법 제1조에 3항 '대한민국은 지방분권국가이다'를 신설했다. 통일정책은 자유민주적 기본질서보다 넓은 의미인 민주적 기본질서를 제안했다.

　기본권은 국민에서 사람으로 확장해 보편적인 인권의 확보를 목표로 삼고 국민발안, 국민투표, 국민소환 등 직접민주주의 강화 조항을 넣었다. 평등권은 성별, 종교, 인종, 언어, 연령, 장애, 지역, 사회적 신분, 고용형태, 성적지향 등에 따른 차별을 금지할 것을 명문화했다. 노동권은 적정임금 보장, 동일가치노동 동일임금 원칙을 명시했고 환경권은 지속가능과 보전에 대한 국가의 책임을 강화했다.

　경제·재정분야에서는 대한민국이 추구해야 할 경제질서는 '국민에게 인간으로서 존엄과 가치를 보장하는 것'이라고 정의함으로써 기존 경제민주화 조항을 보강했다. 지방분권에 있어서는 중앙정부와 지방정부의 사무배분과 수행에서 보충성의 원칙을 따르고, 지방정부의 재정권을 신설할 것을 제시했다.

정당·선거분야에서는 국회의 구성과 선거는 비례성의 원칙을 준수할 것을 의무화했고, 공직 선거 등에서 남성과 여성의 동등한 권리를 명시했다. 대통령 선거에서 출마자격인 만 40세 이상 조항은 폐기했다. 사법부분야에서는 전관예우금지에 관한 근거조항을 헌법에 적시했고, 전시 외 평상시에는 군사법원을 둘 수 없도록 했다. 헌법재판소 재판관은 전원 국회가 선출하도록 했다.

노 의원은 연동형 비례대표제를 가장 최선의 선거제도라고 생각했다. 해당 제도는 정당의 득표율에 따라 의석을 배분하는 제도다. 만약 선거에서 10%의 정당득표율을 기록했다면 전체 의석의 10%를 가져가는 구조다. 예를 들어 독일의 경우 1인 2표제(지역구·정당)로 정당득표율에 따라 각 정당의 당선자 의석수를 결정한다. 해당 의석수를 지역구 의원으로 먼저 채우고, 부족한 부분은 비례대표로 채운다. 이 과정에서 지역구 의석이 배정받은 의석수보다 더 많으면 초과의석을 인정하고, 정당득표율과 의석배분율이 유사하도록 다시 보정한다.

노 의원은 2012년 1월 26일 MBC라디오에서 "지난 18대 총선 같은 경우 부산에서 모두 18석이 있는데 한나라당을 찍은 부산 유권자는 54%에 불과하지만 의석은 94%를 한나라당이 다 가져갔다. 독일식 정당명부제는 모든 정당들이 얻는 지지율에 비례해 의석을 가져가는 것이다. 부산 18개 의석 중에 한나라당은 10석만 가져가고 나머지 8석을 민주당 등 야당이 나눠가져 유권자의 뜻이 그대로 반영된다는 점에서 승자독식의 폐단을 막을 수 있다."라고 설명했다.

노 의원은 개헌보다 선거제도 개혁이 더 중요하다고 생각했다. 한국 정치가 양당제로 고착화되고, 소수정당의 국회 진입이 어려운 이유이기 때문이다. 그는 2016년 7월 4일 국회 비교섭단체 대표연설에서 "권력구조가 지붕이라면 선거제도는 기둥이다. 기둥을 그대로 둔 채 지붕만 바꾸는 것을 진정한 개헌이라고 부를 수 없는 것이다."라고 말했다.

현행 준연동형 비례대표제는 정당 간 이익을 계산한 타협의 산물이다. 노 의원이 그토록 바라왔던 정치개혁과는 거리가 멀다. 거대양당은 총선 때마다 별도의 위성정당을 만들어 선거제도의 취지마저 완전히 무력화시켰고, 소수정당의 의석 점유율은 더 낮아졌다. 반쪽짜리가 아닌 온전한 비례대표제 도입을 통해 다양한 국민의 목소리를 담아내야만 한다.

16

약자

노회찬 의원이 대표발의한 법안들을 한마디로 표현하면 '약자'이다. 주로 노동자 권리 보호, 경제민주화, 복지 강화 등을 위한 법안을 내놓았다. 소수 정당의 경우 법안 발의를 위한 10명을 모으는 것조차 쉽지 않다. 법안 통과는 국회 운영의 모든 의사결정 과정에서 비교섭단체는 배제되기 때문에 더 어렵다. 결국 현안 대응과 의제설정에 더 방점을 찍을 수밖에 없었다.

노 의원은 임기 동안 127건의 법안을 대표 발의했고, 이중 34건이 본회의를 통과했다. 법안을 분야별로 살펴보면 사회적 약자 보호(24건), 복지제도(15건), 노동자·시민 안전 및 기본권(8건) 등 순이었다. 대표적으로 주거권 안정을 위한 주택과 상가임차인 보호법, 무상급식 의무화를 위한 학교급식법, 고교 무상교육법, 공익신고자 보호법 개정안 등이 있다.

다만 노 의원의 법안들은 대부분 기존 안에서 후퇴한 경우가 많았다. 중대재해처벌법은 2021년 1월 8일 통과됐는데 노 의원의 십수 년 간의 입법 투쟁의 결과물로 평가된다. 그는 2006년 영국 기업살인법을 알리고, 2017년 중대재해법을 최초 발의했다. 정의당은 제21대 국회에서 제1호 법안으로 중대재해처벌법을 발의했다. 그러나 법안 논의 과정에서 경영계의 입김이 반영되면서 처벌수위가 낮아져 노동계가 반발했다.

굵직한 정치·사회개혁 법안들도 잇달아 나왔다. 노 의원은 2016년 7월 21일 고위공직자비리수사처법(공수처법)을 발의했다. 당시 현직 검사장인 진경준이 120억 원이 넘는 뇌물을 받은 혐의로 긴급 체포돼 구속되는 일이 발생했고, 검찰 개혁의 적기로 평가됐다. 노 의원은 8월 3일 "공수처 설치가 검찰 수사권을 약화시킨다는 우려가 있지만 그보다 더 필요한 것은 고위공직자 비리에 대한 제대로 된 수사이다. 지금이야말로 하늘이 주신 검찰 개혁의 최적기다. 고위공직자 비리 수사를 제도적으로 보장하는 것에서부터 검찰 개혁은 비로소 시작될 수 있을 것이다."라고 밝혔다. 그러나 공수처법은 끝내 처리되지 못했고, 제21대 국회에서 비로소 결실을 맺었다.

특수활동비 폐지를 위한 국회법 개정안은 노 의원이 2018년 7월 5일 발의된 마지막 법안이다. 해당 법안은 국회의장이 예산을 편성할 때 특활비 예산 편성을 할 수 없도록 명문화했다. 특활비는 기밀 유지가 요구되는 정보 및 사건수사, 그 밖에 이에 준하는 국정수행활동에 직접 쓰이는 경비로 사용용도가 엄격히 제한돼야 한다는 취지다. 노 의원은 이날 국회 기자회견에서 "특활비는 비밀이 요구되는 정보활동이나 수사활동에 쓰이는 경비이기 때문에 특활비를 공개하라는 이야기는 국회에서는 특활비의 존재 근거가 없다는 것을 사법부에서 판단한 셈이다."라고 말했다. 노 의원이 세상을 떠난 뒤인 8월 13일 더불어민주당과 자유한국당은 국회 특수활동비를 전면 폐지하기로 합의했다.

노 의원은 노조의 대표소송 제기 권한 보장 및 노동자 대표의 사외이사 추천권 보장하는 상법 개정안, 한반도 냉전의 잔재인 국가보안법 폐지법, 불법 정치자금을 근절하기 위한 금융거래정보법, 대통령 결선투표 도입을 요구하는 공직선거법 개정안 등을 다양한 입법 활동을 펼쳤으나 대부분 빛을 보지 못했다.

    노 의원은 입법을 통해 국민들이 사회적 문제에 대해 관심을 갖고 공감하도록 만들었다. 특히 불평등한 노동 시장 구조, 비정규직 권익 보호, 정치권과 재벌의 유착 등을 이슈화했다. 당장 법안이 통과되지 않더라도 시간이 지난 후 논의가 이뤄지고 실현되기도 한다. 이처럼 진보정당이 내놓는 법안은 우리 사회에 던지는 문제제기다. 법안이 통과될 수 없다는 패배주의에서 벗어나 역사의 진보를 믿고 돌 하나를 또다시 얹어 나가야 한다. 그것이 현재 남아있는 우리들의 책무이다.

17

여성

사진출처: 노회찬재단

　매년 3월 8일은 세계 여성의 날이다. 노회찬 의원은 2005년부터 2018년까지 국회의원, 기자, 노동자 등 각계각층의 여성에게 장미꽃을 선물했다. 우리 사회가 해결해야 할 남녀 차별 해소, 여성 권리 확대, 성평등 문화를 함께 실현하겠다는 다짐이었다. 이제 사회적으로 세계 여성의 날에 장미꽃을 선물하는 것은 하나의 행사로 자리매김했다.
　세계 여성의 날은 1908년 3월 8일 미국의 방직공장 여성노동자들이 루트거스 광장에 모여 선거권과 노동조합 결성의 자유를 요구한 것에서 유래됐다. 이들은 '우리에게 빵과 장미를 달라'고 했는데 빵은 여성들의 생존권을, 장미는 참정권을 뜻했다. 국제연합(UN)은 1975년을 세계 여성의 해로 지정하고 1977년 3월 8일을 세계 여성의 날로 공식화했다. 전 세계적으로 세계 여성의 날이 되면 빵과 장미를 나눠준다.

붉은 장미는 진보의 상징이기도 하다. 19세기 서유럽 노동자들은 자본주의의 횡포에 맞서 시위를 할 때 항의의 의미로 가슴에 붉은 장미꽃을 달았다. 여기서 꽃잎은 단결을, 가시는 투쟁을, 붉은빛은 노동자의 피를 의미한다. 1969년 출범한 프랑스 사회당을 시작으로, 유럽의 사회민주주의정당들은 붉은 장미를 상징으로 채택했다.

노 의원의 첫 대표발의 법안은 2004년 9월 14일 호주제 폐지를 핵심으로 하는 민법 개정안이다. 해당 법안은 아들이 우선 승계하는 호주제가 남녀차별을 조장하고 호주와 가족 구성원 간의 가부장적인 관계를 고착시키므로 폐지하고, 자녀가 아버지의 성과 본만을 따르도록 했던 것을 어머니의 성도 따를 수 있게 하자는 내용이었다. 결국 2005년 3월 2일 호주제 폐지 법안이 국회를 통과했다. 노 의원은 "새로운 신분등록부는 개인의 존엄과 양성평등 실현, 개인정보의 철저한 보호 등 호주제 폐지의 기본취지를 그대로 담을 그릇이 되기를 희망한다."라고 밝혔다.

며칠 뒤 노 의원은 장미꽃과 함께 편지를 한 장 남겼다. 그는 "간절하고 뜨거운 마음으로 제95회 세계여성의 날을 축하드린다. 올해는 특히 양성차별의 대표적인 낡은 제도인 호주제가 철폐된 후 맞이하는 첫 번째 세계여성의 날이어서 더욱 감회가 새롭다. 저는 한국의 여성권한지수(GEM)가 여전히 세계 최하위를 벗어나지 못하고 있다는 유엔개발계획(UNDP)의 통계발표 앞에서 부끄러움과 죄스러운 마음을 감추기 어렵다. 다른 나라들에서 3월 8일이 여성의 노고에 감사를 표하고 여성정치세력화로부터 비롯된 이날의 유래를 현실의 과제로 받아 안고 다짐하는 날이라면 우리나라에선 여기에 더해 양성불평등의 부끄러운 현실에 대한 반성의 뜻까지 보태야 한다고 생각한다."라고 지적했다.

노 의원은 "3월 8일을 명절처럼 보내는 세계 각국의 관례대로 축하와 다짐과 반성의 마음을 담아 장미꽃 한 송이를 보낸다. 다른 나라들처럼 이 무렵에는 꽃값이 세 배나 오르길 바란다. 밸런타인데이는 알아도 세계여성의 날은 배운 바 없다는 제 조카와 같은 대학생이 더 이상 나오기 않기를 희망한다. 양성평등을 위해 열심히 일해 온 여성단체들이 바라는 대로 국가 기념일로 조속히 지정되길 바란다. 어버이날에 부모님의 은혜를 다시 한번 생각하듯 적어도 이날만큼은 우리 모두가 양성평등과 여성의 정치세력화를 다시 생각하고 다짐하는 뜻깊은 날이 되기를 염원한다."라고 말했다.

노 의원은 지금껏 가장 여성 친화적이었던 남성의원으로 회자된다. 단순히 말로만이 아니라 자신의 철학을 몸소 실천해 온 사람이기 때문이다. 그는 한평생 정치권 내 성차별적 구조와 여성의 낮은 대표성을 비판해 왔고, 법적·제도적 개선을 위해 힘써왔다. 장미꽃 전달은 여성들과의 연대와 존중의 메시지를 담고 있었고 사회로 확산됐다. 지금 진보정당에게 필요한 것은 '넛지'다. 우리만이 옳다는 정치적 올바름이 아니라 사람들의 선택을 유도하는 부드러운 개입이 필요하다. 세상을 바꾸는 것은 거대한 혁명이 아니라 작은 행동에서 시작된 것을 잊어서는 안 된다.

18

인권

"이게 얼마나 작은 면적인지 제가 실제로 한번 누워보겠다."

2017년 10월 19일 국회 법제사법위원회 국정감사. 노회찬 의원은 황찬현 감사원장에게 "지난해 12월 헌법재판소가 서울구치소 내 과밀수용에 관해 위헌결정을 내렸는데 당시 수용자 1인당 가용면적은 1인당 1.06㎡에 불과했다. 알고 있느냐."라고 물었다. 그러면서 대뜸 신문지 2장 반을 들고 앞으로 나오더니 회의장 바닥에 깔고 누웠다.

당시는 미국 CNN이 박근혜 전 대통령의 국제법무팀 MH그룹 인권 상황 보고서 초안을 공개하며 인권 침해 실태에 대해 국제연합(UN) 인권이사회에 정식 청원할 예정이라고 보도한 직후였다. 노 의원은 박 전 대통령보다도 훨씬 열악한 일반 재소자들의 현실을 신문지로 상징적으로 표현하며 형평성 문제를 제기했다. 단순히 박 전 대통령 개인에 대한 비판을 넘어 교정시설 인권문제를 공론화시키는 데 성공한 셈이다.

노 의원은 "6.38㎡에 6명이 수용됐는데 1인당 평균 1.06㎡의 면적이 주어진다. 제가 누운 것을 봤겠지만 바로 누우면 옆 사람하고 닿는다. 여기서 자야 한다면 모로 누워서 자야만 간격이 유지된다. 박 전 대통령이 교도소 수용상태에 대해 UN 기구에 인권 침해로 제소한다고 하는

데 본인이 수용된 거실의 면적은 10.08㎡이다. 인권침해로 제소할 사람은 박 전 대통령이 아니라 일반 수용자들이다."라고 지적했다.

노 의원은 "올해 8월 부산구치소에 수감된 원고들이 정부를 상대로 제기한 손해배상 소송에서 부산고법은 정부가 150만 원, 300만 원을 각각 지급하라는 판결을 내렸다. 과밀 수용된 수용자들이 정부를 대상으로 소송을 제기해 같은 판결을 받아낸다면 정부가 배상해야 할 금액이 740억 원 정도가 나온다. 국고 손실을 막고 국가의 위법한 수용을 중단시키기 위해 감사원이 직무감찰에 나서야 한다."라고 촉구했다.

국가인권위원회는 교정시설 1인당 기준 면적을 2006년 2.58㎡에서 2017년 3.40㎡(화장실 포함)로 확대했다. 그러나 선진국과 비교했을 때 턱없이 부족한 공간이다. 대표적으로 주요 국가들을 살펴보면 미국은 5.57㎡, 영국은 5.40㎡, 독일은 9㎡, 일본은 7.20㎡ 등이다. 우리나라의 경우 해마다 교정시설 재소자가 늘고 있는데 수용 공간은 여전히 부족한 실정이다. 이러다 보니 재소자가 인권을 침해당했다며 국가에 손해배상을 청구하는 일이 잦아지고 있다.

노 의원에게는 신문지 한 장이면 충분했다. 국정감사 때마다 뱅갈고양이, 구렁이, 한복, 태권도복 등 이색소품들이 등장할 때마다 나오는 소리다. 그만큼 신문지 퍼포먼스는 인권과 공정의 가치를 대중적이고 강렬한 방식으로 전달했다. 그러나 국회에서 이제 진보정당의 존재감은 찾아보기 어렵다. 거대 양당과 별반 다를 것 없다. 차별성이 있어야 한다. 사회적 약자와 소외된 사람들을 진정으로 대변할 수 있는 방안과 진보 정치의 역할을 되돌아봐야 한다.

19

협치

사진출처: 노회찬재단

　노회찬 의원은 연합정치에 적극적인 태도를 보였다. 진보정치인 중에는 매우 드문 사례다. 실제 민주노동당의 경우 운동권 내 소수가 독자적 진보정당론 고수하면서 만든 정당이기에 다른 세력과의 협치에 상당히 부정적이었다. 그러나 노 의원은 그 누구보다도 유연한 정치력을 발휘해 공동교섭단체 구성과 특수활동비 폐지 등을 이끌어내며 한국정치의 중요한 족적을 남겼다.

노 의원의 원칙은 간단명료했다. 진보정치의 중심이 흔들리지 않는다는 전제하에 외연 확장을 위해 개방성을 추구해야 한다고 믿었다. 다른 정당과는 가치와 정책을 토대로 연합을 해야 한다고 봤다. 연립정부 참여는 진보정당의 정책역량을 보여줄 수 있는 기회이지만 정치적 책임을 같이 져야 하는 위험이 따르므로 신중해야 한다고 생각했다. 노 의원은 노무현 대통령의 대연정 제안 당시 정당명부비례대표제 도입을 골자로 한 선거법 개정과 비정규직 문제 해결에 나선다면 얼마든지 가능하다는 개인적 입장을 밝히기도 했다.

노 의원은 당내 반대를 설득해 가며 공동교섭단체 '평화와 정의의 의원 모임'을 끝내 띄웠다. 정의당과 민주평화당은 2018년 3월 29일 개헌과 선거제도 개혁, 한반도 평화실현, 노동존중사회, 식량주권실현, 특권 없는 국회, 중소기업과 골목상권 살리기, 성평등 사회, 검찰·국정원 개혁 등 8대 정책과제에 합의했다.

공동교섭단체 원내대표를 맡은 노 의원은 4월 4일 첫 기자간담회에서 "정치권이 국민과의 약속을 지키지 않고 국민을 위하는 대신 권력을 유지하려는 기득권층으로만 군림해 왔기 때문에 국민의 정치에 대한 불신이 높다. 이를 해소해 나가는 데에 앞으로 활동의 가장 큰 주안점을 두겠다."라고 강조했다.

노 의원은 선거제도 개혁을 추동했다. 당시 국회 상임위원회 위원장 배분 협상에서 평화당은 농림축산식품해양수산위원회를, 정의당은 환경노동위원회를 요구했다. 여기서 정의당의 요구는 받아들여지지 않았다. 대신 더불어민주당은 정치개혁특별위원회와 사법개혁특별위원회에서 중요한 역할을 주기로 합의했다. 그렇게 심상정 의원이 정개특위원장으로 선출됐고, 준연동형 비례대표제 패스트트랙(신속처리안건) 지정이라는 성과를 냈다.

노 의원은 국회 특수활동비 폐지를 이끌어냈다. 노 의원은 6월 7일 기자회견을 열고 "지난 4~6월에 걸쳐 교섭단체 원내대표로서 수령한 특수활동비를 반납하겠다. 국회의 예산집행 구조상 수령 거부 자체가 불가능하기에 국회 특수활동비가 폐지될 때까지 앞으로도 매달 특수활동비 수령 후 전액을 국회 사무처에 불용액으로 반납할 예정이다."라고 밝혔다. 여야는 8월 13일 연간 60억 원 규모의 국회 특수활동비를 폐지하기로 전격 합의했다.

협치는 진보정당이 의회 내에서 더 큰 영향력을 발휘하기 위한 중요한 전략이다. 노 의원은 진보정치의 가치를 잃지 않으면서도 현실 정치를 고려해 전략적 접근을 시도했다. 이를 통해 단기적 정책 실현뿐만 아니라 장기적으로 진보정당을 국민들에게 각인시키는 효과를 낳았다. 그러나 언제부터인가 진보정당 스스로 '민주당 2중대'라는 프레임에 갇혀 헤어 나오지 못하고 있다. 정치는 타협의 예술이라는 점을 결코 간과해서는 안 된다.

20

책임

 2018년 7월 23일 진보정치의 아이콘이 세상을 떠났다. 서울 서대문구 신촌 세브란스병원 장례식장에 마련된 그의 빈소에는 기득권에 거칠게 맞서며 힘없고 소외된 사람을 대변했던 고인의 죽음을 애통하게 여긴 조문객들의 눈물이 뿌려졌다. 교복 차림의 중·고등학생부터 대학생 등 청년층은 눈시울을 붉히며 고인의 영정을 응시했다. 젊은 세대의 정치 혐오가 극에 달한 현실을 감안하면 노 의원의 빈소는 여느 정치인의 그것과는 분명히 달랐다.
 노 의원은 진보정치에 대한 강한 책임감을 갖고 있었다. 그는 정의당에 보낸 유서를 통해 "2016년 3월 두 차례에 걸쳐 경제적 공진화 모임(경공모)으로부터 모두 4000만 원을 받았다. 어떤 청탁도 없었고 대가를 약속한 바도 없었다. 나중에 알았지만 다수 회원들의 자발적 모금이었기에 마땅히 정상적인 후원절차를 밟아야 했다. 그러나 그러지 않았다. 누굴 원망하겠느냐. 참으로 어리석은 선택이었으며 부끄러운 판단이었다. 책임을 져야 한다. 무엇보다 어렵게 여기까지 온 당의 앞길에 큰 누를 끼쳤다. 이정미 대표와 사랑하는 당원들 앞에 얼굴을 들 수 없다. 정의당과 나를 아껴주신 많은 분들께도 죄송할 따름이다."라고 적었다.

노 의원은 "잘못이 크고 책임이 무겁다. 법정형으로도 당의 징계로도 부족하다. 사랑하는 당원들에게 마지막으로 당부한다. 나는 여기서 멈추지만 당은 당당히 앞으로 나아가길 바란다. 국민 여러분 죄송하다. 모든 허물은 제 탓이니 저를 벌하여 주시고, 정의당은 계속 아껴주시길 당부드린다."라고 밝혔다.

장례 형식은 정의당장(葬)으로 5일장으로 치러졌다. 문희상 국회의장의 제안으로 7월 23~25일 3일간은 정의당장으로 치르고, 26~27일 이틀간은 국회장으로 승격하기로 결정됐다. 닷새 동안 공식적으로 집계된 것만 7만 2300여 명이 조문했다.

문 의장은 "이곳 국회에는 한여름 처연한 매미 울음만 가득하다. 제가 왜 이 자리에 서있는 것이냐. 태양빛 가득한 계절이건만 우리 모두는 어두운 터널에 들어선 듯 참담한 심정으로 모여 있다. 낡은 구두, 오래된 셔츠와 넥타이가 말해주는 대중정치인의 검소함과 청렴함은 젊은 세대에게 귀감이 됐다. 한국 정치사에 진보정치와 생활정치의 깃발을 세워 사회적 약자와 노동자, 서민의 버팀목이 됐다. 불의와 타협하지 않았고 권력에 굴복하지 않았으며 명예를 중시하고 신중했던 삶이었다. 당신의 삶은 많은 이들의 이정표가 되기에 부족함이 없다."라고 추모했다.

이정미 대표는 "소중한 노회찬이, 무겁고 무거운 양심의 무게에 힘겨워할 때 저는 그 짐을 함께 나눠지지 못했다. 먼 훗날 다시 만나면, 수많은 노회찬의 부활로 진보정치의 큰 꿈을 이루고 이 나라가 평등, 평화의 새로운 대한민국이 됐다고 기쁘게 이야기를 나눌 것이다."라고 말했다. 심상정 의원은 "지금 제가 왜, 대표님께 조사를 올려야 한단 말이냐. 저는 싫다. 꿈이었으면 좋겠다. 그저 뒤로 숨고만 싶다. 생각할수록 자책감에 서러움이 밀려온다."라고 눈시울을 붉혔다.

노 의원의 죽음에 대해 아쉬움을 표하는 사람들이 많다. 과도한 윤리적 잣대가 낳은 비극이라는 평가가 지배적이다. 정치자금법상 단체 이름으로 후원을 금지하고는 있지만 대가성이 없었고, 자금의 용도는 정의당 활동을 위한 것이었다. 하지만 그의 양심과 생각을 우리는 전부 헤아릴 수 없다. 이런 마음이 모여 노 의원 사망 직후 정의당의 지지율은 일시적으로 15%까지 치솟았고, 제1야당이었던 자유한국당을 넘어서기도 했다.

진보정치는 리더십 부재 상태다. 노 의원의 빈자리를 메우기 위한 노력은 있었으나 현재까지도 대중적인 설득력을 갖춘 정치인은 나오지 못했다. 이 때문에 진보정당은 성장은커녕 퇴행을 거듭하고 있다. 진보정치가 이념적 순수성에 머물지 않고 대중성과 현실정치에 다가가는 실천을 할 수 있는 인물이 필요하다. 노 의원을 뛰어넘어야 진보정치가 산다.

III.

나의 노무현 너의 노회찬

진보의 성찰

01

도덕성 추락

　진보든 보수든 '정치인은 그놈이 그놈이다'라는 말이 나온 지 오래다. 진보정치는 한국정치에서 기득권과 권위주의의 대안으로 자리 잡아왔다. 우리에게 도덕성은 정의롭고 공정한 정치를 추구하는 핵심적인 원칙이었다. 제19대 대선까지만 해도 진보정당은 항상 보수정당보다 도덕적 우위에 있었다. 그러나 지금은 아니다. 정치적 명분을 완전히 잃었다. 진보는 '내로남불'의 전형이라는 오명을 뒤집어썼고 대중적 신뢰를 상실했다. '정치인이 그 정도면 깨끗하다', '털어서 먼지 안 나는 사람 없다' 등 해괴망측한 궤변까지 나온다. 진보진영의 비루한 자기 합리화일 뿐이다.

　2019년 8월 '조국 사태'가 터졌다. 조국 법무부 장관 후보자에 대한 자녀 입시 비리, 장학금 부정수수, 사모펀드 의혹, 위장전입 등이 제기됐다. 문재인 대통령은 "본인이 직접적으로 책임질 불법행위가 드러난 것은 없다"며 임명을 강행했다. 국민 여론은 극도로 악화됐고, 조 장관은 35일 만에 물러났다. 당시 조국의 적은 조국이라는 '조적조'라는 말이 회자됐다. 그는 2013년 2월 사회관계망서비스(SNS)에서 윤병세 외교부 장관 후보자 딸의 가계 곤란 장학금 수령에 대해 "이건 정말 아니다.

나는 사립대 다니는 딸에게 장학생 신청을 하지 말라고 했다."라고 적었다. 2013년 11월 국정원 댓글 수사와 관련해서는 "최종 재판 결과 나올 때까지 기다려야 한다는 주장은 초동 수사부터 대법원 판결 때까지 시민의 입, 손, 발을 묶어놓고 국가기관 주도로 사건의 진실을 농단하려는 수작이다."라고 말했다. 언행불일치가 만천하에 드러났다. 남에게는 엄격한, 본인에게는 관대한 잣대를 들이댄다는 비판이 쏟아졌다.

2019년 12월 조 전 장관은 자녀 입시 비리 혐의(업무방해, 허위·위조 공문서 작성·행사, 사문서위조·행사 등)와 딸 조민 씨 장학금 부정수수 혐의(뇌물수수) 등으로 재판에 넘겨졌다. 청와대 민정수석 취임 때 공직자윤리법상 백지신탁 의무를 어기고 재산을 허위 신고한 혐의와 프라이빗뱅커(PB)에게 자택 PC의 하드디스크 등을 숨길 것을 지시한 혐의(증거은닉교사)도 받았다. 2020년 1월에는 유재수 전 부산시 경제부시장에 관한 특별감찰반의 감찰을 무마한 혐의(직권남용 권리행사방해)로 추가 기소됐다.

2023년 2월 1심 재판부는 자녀 입시 비리 혐의 대부분과 특감반의 권리행사를 방해한 혐의를 유죄로 인정해 징역 2년의 실형을 선고했다. 노환중 전 부산의료원장으로부터 받은 딸 장학금 600만 원은 뇌물은 아니지만 청탁금지법을 위반했다고 판단했다. 뇌물수수, 증거위조교사, 증거은닉교사, 공직자윤리법 위반, 사문서위조 및 행사 등은 무죄가 선고됐다. 2024년 2월 2심 재판부는 1심과 동일한 판단을 하고 징역 2년의 실형을 유지했다. 그해 12월 대법원은 징역 2년과 600만 원의 추징 명령을 선고한 원심판결을 확정했다. 해당 판결로 조 전 장관은 의원직이 박탈됐고, 공직선거법과 국회법 등에 따라 5년간 피선거권을 잃었다. 정당법상 당원 자격이 없어져 조국혁신당 대표직에서 사퇴했다.

정의당은 조국 사태 국면에서 모호한 태도를 보이면서 그동안 쌓아온 원칙과 신뢰가 뿌리 채 흔들렸다. 문재인 정부 들어 정의당이 부적격 판정을 내린 김기식 금융감독원장 후보자, 최정호 국토교통부 장관 후보자, 조동호 과학기술정보통신부 장관 후보자 등 고위공직 후보자들이 모두 낙마했다. 이를 두고 정치권에서는 '정의당 데스노트라'는 말이 나왔다. 그러나 조 후보자에 대해서는 사실상 적격 판단을 내렸고 정의당은 국민적 지지를 한 번에 잃었다.

조국 사태는 진보 진영이 도덕성을 포기하고, 진영논리만을 생각한다는 것을 단적으로 보여줬다. 노무현 대통령이었다면 장관 임명을 철회하고, 솔직한 설명과 사과를 통해 신뢰 회복에 노력했을 것이다. 노회찬 의원은 항상 진보는 높은 도덕적 기준을 가져야 한다는 입장이었다. 당연히 국민 눈높이에 맞춰 자진 사퇴 권고를 권고하고, 한국 사회 전반에 만연한 특권 구조를 비판했다고 본다.

진보정치는 단기적 손익을 떠나 도덕성과 대중적 신뢰를 다시 회복해야 한다. 진보정당의 도덕성 추락은 정치혐오 확대, 극단적 진영 대립 구도, 사회적 가치 혼란, 대안정치 가능성의 상실 등 문제를 낳았다. 대한민국 민주주의의 기반이 흔들리고 있다. 치열한 자기 성찰이 필요하다. '멋지게 지면 무슨 소용이 있느냐'는 식의 현실도피는 사태를 더 악화시킬 뿐이다. 진보진영의 재건을 위해서는 원칙 있는 정치가 반드시 수반돼야 한다.

02

존재 가치 상실

진보정당의 존재 가치가 사라졌다. 정의당은 대중적 진보정당이라는 창대한 꿈을 꿨지만 그 끝은 미약하기 그지없었다. 가장 핵심적인 요인은 정체성의 문제였다. 정체성은 이념, 정책, 인물이 결정하는데 모든 측면에서 경쟁력을 상실했다. 진보적 어젠다 발굴에 실패했고 새로운 대안을 제시하지 못했다. 그렇게 유권자들에게 정의당은 더 이상 매력적이지 않았고, 선거에서 굳이 찍어 줄 이유가 없었다.

과거 민주노동당은 노동자, 농민 등의 지지를 기반으로 조직된 대중정당이었다. 국민 대다수에 개방된 형태이나 대중들의 참여는 제한적이었다. 노동조합과 결합해 사회집단을 대표하는데 주력했다. 반면 정의당은 포괄정당이 됐다. 국민 전체를 대표하는 것을 지향하면서 이념과 정책에서 변화가 생겼다. 그러다 보니 애초에 노동자정당이라는 뿌리를 갖고 있으면서도 블루칼라층에서의 지지율조차 한 자릿수에 머물렀다. 국민들 입장에서는 정의당이 대체 누구를 대변하고, 무엇을 위한 정당인지 매우 불분명해졌다.

정의당의 목표와 슬로건에서는 차별성이 있지만 정치 행위에서는 민주당과의 차별성은 미미했다. 문재인 정부는 최저임금 인상, 경제 민주화, 탈원전, 신재생 에너지 정책, 복지 확대 등을 추진했다. 민주당과 정의당은 정책적으로 거의 동일해졌다. 이런 상황에서 연합정치를 할 정치적 리더십도 부재했다. 결국 독자적인 세력으로서의 존재감을 잃고, 민주당에 보조를 맞추는 형국이 됐다. 그들이 그토록 듣기 싫어했던 '민주당 2중대'가 된 셈이다.

정의당은 엄연히 소수정당이다. 전략적으로 거대양당과 달리 전문성과 집중력을 갖춰야만 했다. 어떤 것을 중심과제로 설정하고, 당의 역량을 쏟을지 결정이 필요했다. 창당 초기만 하더라도 비정규직 문제, 임금 격차 해소 등 노동 문제에 주력했다. 그러나 환경, 여성, 젠더, 청년 등 다양한 이슈에 모두 대응하려다가 전부 다 놓치는 우(愚)를 범했다.

정의당은 정치적 입지가 점차 약화되면서 6석도 지키기 어려운 상황이 됐다. 제22대 총선에서 마지막 희망이었던 심상정 의원마저 지역구에서 낙선했다. 심 의원은 2024년 4월 11일 국회에서 기자회견을 열고 "저는 21대 국회의원의 남은 임기를 마지막으로 25년간 숙명으로 여기며 받들어온 진보정치의 소임을 내려놓으려 한다. 이번 총선에서 저는 지역구 주민의 신임을 받지 못했다. 무엇보다 제가 소속된 녹색정의당이 참패했다. 오랫동안 진보정당의 중심에 서 왔던 한 사람으로서 책임을 통감한다. 그동안 척박한 제3의 길에 동행해 주시고 격려를 아끼지 않으셨던 국민 여러분께 통절한 마음으로 고개 숙여 사죄드린다. 제가 온몸으로 진보정치의 길을 감당해 온 것에 후회는 없다. 그렇지만 잠재력을 갖춘 훌륭한 후배 정치인들이 마음껏 성장할 수 있도록 진보정당의 지속가능한 전망을 끝내 열어내지 못한 것이 큰 회한으로 남는다."라고 밝혔다.

지금 진보정당이 가야 할 길은 명확하다. 6411번 버스를 탄 투명인간들의 옆자리이다. 노동 문제를 핵심 축으로 두고 다른 영역으로 확장을 해나가야 한다. 권영국 정의당 대표는 5월 2일 "원외로 추방당한 결과를 받아 들고 참담했다. 내상이 워낙 커 한동안 후유증에서 벗어나지 못했다. 정의당은 시민들의 정서와 세상의 변화에 둔감했고, 세상을 바꾸고자 하는 실천은 대중의 눈높이에 미달했다. 광야에서 처음부터 새로 시작한다는 각오로 임하겠다. 일하는 사람들의 정당이라는 강령에 부합하도록 노동 중심성을 바로 세우고, 노동자·민중의 자유와 권리를 대변하는 정당이 되겠다."라고 선언했다. 늦었지만 의미 있는 변화다.

정의당의 실패가 대한민국 진보정당의 끝은 아니다. 언제나 그래왔듯 새로운 진보정당이 탄생할 것이고 얼마든지 다시 시작할 수 있다. 진보정당이 정체성을 다시 찾는다면 국민들의 지지를 받을 수 있는 공간은 충분히 열려있다. 노동을 중심으로 뭉친다면 더 큰 정당으로 거듭날 수 있다. 이제 반성문은 그만 쓰고, 실천으로 증명해야 한다.

03

인간 본성 부정

보수와 진보의 결정적 차이는 인간의 본성을 어떻게 바라보느냐다. 일반적으로 보수는 본능에 충실하다면 진보는 이성을 통해 제어하려고 든다. 인간의 본성은 즉각적인 보상, 안정성 선호, 변화의 두려움 등이 있다. 진보정당 실패는 인간 본성을 완전히 부정한 측면이 있다. 많은 정책에 있어 개인의 단기적 이익을 희생하고, 공공의 이익과 장기적 목표를 호소했다. 이로 인해 진보는 핵심 지지층이 돼야 할 MZ세대(밀레니얼+Z세대)들에게 지지는커녕 조롱거리로 전락했다.

진보정책은 이상에 너무 매몰되는 순간 국민과 멀어진다. 설사 그 방향성이 전적으로 옳더라도 시민들에게 거부당할 것이다. 인간의 본능을 과도하게 억누르거나 자유로운 선택을 제한하는 방식은 그저 구호에 지나지 않는다. 전통적인 담론인 복지 확대는 대부분의 사람들이 더 많은 혜택을 원하면서도 세금이 오르는 것은 원하지 않는다. 결국 사회적으로 열심히 일하지 않아도 된다는 인식을 확산되고, 성실하게 세금을 내는 사람들에게 패배감을 안겨준다.

역대 부동산 정책이 모두 실패했던 이유는 명확하다. 진보정당은 임대아파트 확대와 부동산 투기 억제에 초점을 맞췄다. 임대아파트는 단기적 주거 안정을 목표로 하지만 인간의 소유 욕구와 충돌한다. 국민들은 임대아파트를 원하지 않는다. 내 집 마련을 통해 안정감을 느끼고, 미래의 경제적 기회로 연결하고 싶어 한다. 해당 정책이 도덕적 정당성을 가질 수 있지만 대다수의 현실적 인식과는 괴리가 있다.

문재인 정부는 고위공직자 인사 검증의 7대 원칙으로 부동산 투기, 세금 탈루, 위장 전입, 논문 표절, 병역 기피, 음주운전, 성범죄 등을 제시했지만 지켜지지 못했다. 최정호 국토교통부 장관 후보자는 부동산 투기 의혹이 일면서 자질 논란이 일었고, 2019년 3월 31일 자진 사퇴했다. 최 후보자는 한때 경기도 분당과 서울 강남에 아파트 한 채씩을 보유하고, 세종시에 아파트 분양권을 소지한 사실상 3주택자였다. 분당 아파트는 장관 후보자 지명 직전 딸 부부에 증여했고, 자신이 그 집에 월세로 거주하면서 꼼수 증여 논란에 휩싸였다. 국토부 장관 후보자가 공직에 있을 때 부동산 투자에 몰두한 것이 아니냐는 비판이 쏟아졌다.

그해 노영민 대통령비서실장은 12·16 부동산 대책에 발맞춰 '수도권 내 2채 이상 집을 보유한 청와대 고위 공직자들은 1채를 제외하고 처분해 달라'고 요청하면서 다주택이면 다 나쁜 것이냐는 해묵은 논란에도 불을 지폈다. 당사자들은 6개월 내 가급적 팔겠다, 가족과 상의해 보겠다, 부모 부양 등 불가피한 사정이 있다는 이유를 들었다.

진보진영은 가상화폐에도 부정적이었다. 유시민 작가는 2017년 12월 "경제학을 전공한 사람으로서 진짜 손대지 말라고 권하고 싶다. 바다이야기(사행성 게임)처럼 도박과 같다. 도박의 모든 요소를 다 갖고 있다."라고 밝혔다. 2018년 1월에는 "인류역사상 가장 난해하고 우아한 사기사건이다. 채굴 비용의 증가 등 때문에 데드크로스가 일어나면서 다 운될 가능성이 99.999%이다."라고 말했다. 비트코인이 사상 최고치를 계속 경신하면서 유 작가가 남을 속인다는 '사기(詐欺)'가 아니라 매수하라는 '사기'를 말한 것이라는 풍자까지 나왔다.

　박상기 법무부 장관은 가상화폐를 도박으로 규정했다. 그는 2018년 1월 11일 기자간담회를 열고 "우리나라의 가상화폐 거래의 경우 사실상 투기와 비슷한 양상을 보인다. 산업발전의 긍정적 측면보다 개인의 금전적 피해를 유발할 위험성이 크다. 가상화폐 거래를 금지하는 법안을 준비 중이고, 가상화폐 거래소 폐쇄까지도 목표로 하고 있다."라고 밝혔다. 그러나 가상화폐 규제를 반대하는 청와대 국민청원이 20만 명을 돌파하는 등 반발이 거세지자 정부가 한발 물러섰다.

　진보정책은 필연적으로 인간의 본성과 갈등을 빚는다. 중요한 것은 국민들의 현실적인 수용가능성을 고려한 실용적 접근이다. 인간의 욕구를 존중하면서 도덕성을 강조하는 진보적 스토리텔링이 요구된다. 진보의 이상과 대중의 본능 사이에서 균형을 잡는 것이 정치적 성공의 열쇠다. 우리의 정치적 이상향이 N+1이라도 정당이라면 한 걸음의 진보를 위해 타협해야 한다. 마치 본인들이 설정한 목표만이 진리이야 행동한다면 진보정치는 한 발자국도 나아갈 수 없다.

04

계파 갈등

　대한민국 진보정당사는 안타깝게도 분열의 역사다. 민주노동당 → 민주노동당·진보신당 → 통합진보당·진보신당 → 정의당·민중당 → 진보당·사회민주당·기본소득당·정의당·녹색당·노동당 등 수많은 분파가 생겨났다. 그 중심에는 주체사상파(NL)와 민중민주파(PD)의 계파 갈등이 자리 잡고 있다. 한줌도 안 되는 소수정당에서 세력 간 주도권 다툼이 밥 먹듯이 일어난 셈이다.

　민주노동당은 강령에서 과거 진보정당 운동의 오류와 한계를 극복하면서 그 의지를 계승·발전시킨다는 목표를 명시했다. 특히 당의 정신에 동의하는 모든 세력에게 문호를 개방하고 함께 하는 진보대연합의 길을 걷는다고 밝혔다. 노동자와 민중의 투쟁에 늘 함께 하고, 투쟁의 성과를 정치권력의 장에 확장시킨다고 적시했다. 그러나 현실은 폐쇄적인 조직 문화와 권력 투쟁이 지배적이었고 진보정치의 단결을 저해했다. 결국 민주노동당은 제17대 대통령 선거 참패, 당직선거 대리투표, 북핵 문제 이견 등 여러 가지 문제로 불거졌고 PD 세력이 탈당해 진보신당을 만들었다.

　2011년 12월 6일 민주노동당, 국민참여당, 진보신당 탈당파의 통합으로 통합진보당이 창당됐다. 제19대 총선을 위한 정파 연합의 성격이 강했다. 진보 빅텐트의 결과는 13석으로 역대 최대 의석을 차지했다. 민주노동당계는 경기동부연합·광주전남연합·울산연합·인천연합이 합류했다. 이중 경기동부연합은 당권파로, 인천연합·국민참여계·진보신당 탈당파는 비당권파로 분류됐다. 그러나 당권파의 패권주의, 부정선거, 폭력 사태 등으로 인해 정의당이 탄생한다.

정의당이라고 계파 정치에서 벗어날 수 없었다. 노회찬 의원 사망 이후 사태는 더 심각해졌다. 정의당 내에는 인천연합, 전환, 심상정 의원 그룹, 국민참여계, 세 번째 권력 등이 있었다. 가장 오래된 정파인 인천연합, 전환, 심상정 그룹은 모든 문제를 미리 조율하고 결정하고 전국위원회의 정파별로 인원수가 안배돼 있다는 폭로도 나왔다. 그렇게 국민참여계를 중심으로 전·현직 당직자와 당원들이 집단 탈당해 사회민주당을 발족했다.

NL과 PD는 정치 행위 측면에서 국민이 볼 때 큰 차이가 없다 이념적 차이 때문에 갈라섰다는 것은 명분일 뿐이다. 실제는 정말로 자기들끼리의 밥그릇 싸움이다. 권력 투쟁은 진보정당의 정체성을 훼손하고 대중적 신뢰를 약화시켰다. 이제는 진보진영 전체적으로 계파 정치의 잔재를 청산하고, 개방적이고 포용적인 정당 운영으로 전환이 필요하다. 당내 민주주의를 강화하고, 특정 계파의 권력 독점을 방지하는 장치를 마련해야 한다. 분열보다는 통합, 이념보다는 실용성에 기반한 혁신으로 나아가야 한다.

05

종북 논쟁

종북(從北)은 북한의 주체사상을 옹호하거나 동조하는 세력을 가리키는 용어다. 해당 용어는 진보정당의 내부 갈등 과정에서 최초로 사용됐다. 그 뒤 보수정당은 민주·진보진영을 정치적으로 공격할 때 사용하고 있다. 종북 논쟁은 진보정당의 이미지를 추락시켰고, 대중적 신뢰를 약화시키는 계기가 됐다. 주체사상파(NL)와 민중민주파(PD)의 계파 갈등은 종북주의가 핵심이 됐다. NL 세력은 북한 문제에 대해 모호한 태도를 취했고, 진보는 다수의 소규모 정당으로 쪼개졌다.

황광우 민주노동당 연수원장은 2001년 11월 30일 당 기관지와 인터넷 홈페이지를 통해 '사회당 동지들에게 드리는 7가지 질문'이라는 글을 올렸다. 황 원장은 "조선노동당은 사회당의 적이냐. 조선노동당 역시 자본주의에 반대하는 세력이다. 이 자본주의의 세계적 지배자인 미국의 철천지원수이다. 자본주의하고도 싸우고, 미국하고도 싸우고, 그 미국에 대해 싸우는 북한의 조선노동당하고도 싸우고, 어쩌자는 것이냐. 남한의 노동계급이 북한으로 쳐들어가 조선노동당을 물리치자는 것이냐."라고 물었다.

당시 사회당은 민주노동당의 방북 논란과 북한의 핵개발에 대한 무

비판 등을 이유로 조선노동당 추종세력이라고 비판했다. 이때 언론이 기사화하는 과정에서 요약된 표현으로 종북이라는 용어가 생겨났다. 신석준 전 사회당 대표는 한 언론과의 인터뷰에서 "2001년 우리가 반자본주의·반조선로동당 노선을 발표하며 민주노동당에 조선노동당 추종세력이라고 한 적이 있다. 하지만 직접 종북이란 표현을 쓴 적은 없는 것으로 기억한다."라고 밝혔다.

2006년 10월 검찰은 일심회가 북한 공작원과 접촉한 혐의로 적발했다. 일심회 사건에는 민주노동당 일부 당 간부들이 연루됐다. PD는 민주노동당에서의 제명을 요구했지만 NL은 거부했다. 조승수 의원은 NL을 종북주의로 규정했고, 2008년 2월 민주노동당을 탈당했다. 노회찬·심상정 의원도 합류해 진보신당이 만들어졌다.

제19대 총선이 끝나자마자 통합진보당 부정 경선 사건이 발생했다. 해당 사건은 종북주의 성향의 경기동부연합 인사들이 관련돼 있었다. 조 의원은 2012년 5월 30일 라디오방송에서 "비록 북한이 우리하고 적대적인 관계이기는 하나 기본적으로 민족 구성원으로서 평화와 통일 대상이라는 태도는 필요하다. 그러나 북한은 3대 세습을 하는 독재국가이고, 탈북자·정치범을 다루는 반인권적인 상황들은 이미 전 세계적으로 인정이 되고 있다. 이것에 대해서 모호한 태도나 옹호하는 태도를 취하는 것은 진보와는 거리가 먼 것이다."라고 말했다.

국가정보원은 이석기 의원이 2013년 5월 통합진보당 경기도당 모임에서 한반도 전쟁에 대비해 국가 기간시설의 파괴를 위한 준비를 하자 등의 발언을 했다며 수사에 착수했다. 최종적으로 내란 음모에 대해 무죄, 내란 선동과 국가보안법 위반에 대해 유죄 선고가 내려졌다. 2014년 12월 19일 통합진보당은 헌법재판소의 위헌정당해산심판 결정으로 강제해산됐다.

종북 논쟁은 현재진행형이다. 임종석 전 대통령비서실장은 2024년 9·19 공동선언 6주년 기념식에서 "통일하지 말자. (남북이) 그냥 따로, 함께 살며 서로 존중하고 같이 행복하면 좋지 않겠느냐. 객관적 현실을 받아들이고 두 개의 국가를 수용하자. 대한민국의 영토는 한반도와 그 부속 도서로 한다고 돼 있는 헌법 3조를 두고 영토 조항을 지우든지 개정하자. 통일을 꼭 해야 한다는 강박관념을 내려놓자. 단단히 평화를 구축하고 이후의 한반도 미래는 후대 세대에게 맡기자."라고 밝혔다. 그러자 국민의힘에서는 종북인 줄 알았더니 충북(忠北)이라며 김정은 북한 국무위원장의 적대적 두 국가론을 복명복창하는 꼴이라는 비판이 나왔다. 임 전 실장의 제안은 거칠지만 남북 간의 대립을 줄이고 장기적으로 통일을 이루자는 실용적 접근이다. 이를 충북으로까지 매도하는 것은 정치적 프레임에 지나지 않는다.

진보진영이 앞으로 나아가려면 종북 논쟁은 반드시 정리하고 넘어가야 한다. NL의 내부 성찰이 반드시 필요하고, 북한의 잘못은 비판을 할 수 있어야 한다. 이를 통해 보수진영의 종북 공격은 근거 없는 왜곡에 불과하다는 것을 증명해야 한다. 북한과의 평화 추구에 대한 종북 프레임은 불필요한 이념적 대립을 조장하는 것임을 국민들에게 인식시켜야 한다. 더 이상 해묵은 종북 논쟁을 촉발할 일도, 끌려다닐 일도 없어야 한다.

06

시대착오

주체사상파(NL)의 시대착오적 행태는 이념적 차이를 넘어 국민과의 단절과 신뢰 상실을 불러일으켰다. 가장 대표적인 사례가 아메리카노 커피 사건이다. 경기동부연합 소속 김미희 통합진보당 의원의 남편인 백승우 씨는 유시민 대표가 아메리카노를 마시는 것에 대해 '반민중적이고 부르주아적인 행위'라고 비난했다.

백 씨는 2012년 8월 1/일 낭원세시판에서 "유 대표와 심상성 의원의 공통점 중 하나는 공동대표단회의 전에 아메리카노 커피를 먹는다는 것이다. 그런데 문제는 아메리카노 커피를 비서실장이나 비서가 항상 회의 중 밖에 있는 커피숍에 나가 종이 포장해 사 온다는 것이다. 언젠가 이해가 안 가고 민망해서 왜 매일같이 밖에 나가 비서실장이 아메리카노를 사 오느냐고 물어봤다. 비서실장이 말을 못 하는 것이다. 아메리카노 커피를 먹어야 회의를 할 수 있는 분들을 보면서 노동자 민중과 무슨 인연이 있는지 의아할 뿐이다."라고 말했다.

단순히 아메리카노를 좋아한다는 것이 비판의 대상이 될 수 있는지부터 의문이다. NL은 원두커피를 사치품으로 생각한다는 것인데 아메리카노는 커피 메뉴 중에서 가장 저렴하다. 출근길 잠을 깨기 위해 커피를 마시는 서민과 노동자들이 죄다 부르주아라고 할 것인지 황당하기만 하다. 오히려 본인들이 노동자와 농민은 믹스커피 외에는 다른 것을 마시면 안 된다는 식의 권위적인 차별 의식에 빠져있음을 드러냈다.

당시 유 대표는 아메리카노를 포기하지 않겠다고 밝혔다. 그는 8월 20일 당원게시판에서 "사실 이름이 그래서 그렇지 미국하고는 별 관계가 없는 싱거운 물 커피이다. 아침에 눈을 뜨면 아내가 제일 먼저 하는 일이 원두를 갈아서 커피를 내리는 일이다. 저는 아주 가끔씩만 한다. 저는 아내보다 좀 더 싱겁게 내려서 지청구(꾸짖는 말)를 듣고는 한다. 아침에 커피 향이 주방과 거실을 채울 때 기분이 참 좋아진다. 특히 오늘처럼 비가 내리는 날은 향이 더 좋다. 원두는 공정무역 커피를 취급하는 곳에서 온라인 구매를 한다. 손잡이를 돌려서 원두를 가는 조그만 통은 3만 5000원짜리인데 역시 온라인 구매를 한 것이다. 누가 부르주아적 취향이라고 욕해도 어쩔 수 없다. 한 번뿐인 인생인데 이런 소소한 즐거움조차 누릴 수 없다면 좀 슬프지 않나. 너무 심각한 논쟁은 하지 않았으면 좋겠다. 이런 일로 언론에 오르내리는 것이 좀 부끄럽게 느껴진다."라고 말했다.

커피 심부름이 갑질이라는 지적에도 반박했다. 유 대표는 "대표단 회의는 대부분 국회 본청 2층에서 열렸다. 의정지원단에는 커피를 내리는 커피머신이 있다. 당직자들이 그 커피를 가져다주는 때도 많았다. 그런데 커피포트에 내려놓은 커피가 떨어지는 경우도 있다. 회의가 길어질 경우 도중에 정신을 좀 차리기 위해서 커피를 찾게 되는데 회의하다 말고 배석한 당직자더러 새로 커피를 내리라고 부탁하긴 좀 그렇다. 그럴 때 제가 수행비서에게 커피 좀 부탁한다고 문자를 보낸다. 그러면 제 비서가 한층 올라가면 있는 의원식당 앞 실내 테이크아웃코너에 가서 보통 넉 잔 정도 사서 가지고 온다. 그곳의 아메리카노 가격이 아마 2000

원일 것이다. 혼자 넉 잔을 들고 오기 위해서 종이로 만든 홀더에 담아 온다. 꼭 아메리카노만 마신 것은 아니다. 캐러멜마끼아또나 카푸치노를 마시는 때도 가끔 있었다. 저는 별다방에서 파는 프라푸치노 에스프레소 칩을 사실 좋아하는데 그걸 사러 밖에까지 나가게 하는 건 좀 과하다. 그럴 것까지는 없다고 생각한다. 회의가 잘 진행되지 않아 머리가 아플 때는 좀 단 커피를 먹는 게 도움이 된다."라고 밝혔다.

    NL은 이정희 의원이 '설렁탕보다는 아메리카노와 샌드위치를 즐긴다'는 언론보도가 재조명되면서 여론의 뭇매를 맞았다. 사실상 상대계파를 향한 공격을 위한 공격에 불과했다. NL은 되고 민중민주파(PD)는 안 된다는 내로남불의 전형을 보여준 셈이다. 아메리카노 사건은 단순한 해프닝을 넘어 통합진보당이 겪었던 내부 문제와 한계를 상징적으로 드러낸다. 진보정당이 성숙한 당내 민주주의와 대중적 지지를 얻기 위해 어떻게 변화해야 하는지 고민하게 만드는 사례라고 할 수 있다.

07

무너진 민주주의

　진보정당은 당내 민주주의의 실패를 끊임없이 겪어 왔다. 통합진보당은 주체사상파(NL)와 민중민주파(PD)의 계파주의가 당 전체의 목표보다 우선시됐다. 정의당에서도 당권파와 비당권파의 반목은 이어졌다. 대표적인 사례는 통합진보당 비례대표 부정 경선, 정의당 비례대표 의원 사퇴 권고 당원 총 투표 불허 등이 있다.

　통합진보당은 2012년 3월 14~18일 온라인 및 현장투표를 실시해 비례대표 순위를 정했다. 그런데 4월 20일 통합진보당 홈페이지에는 '부정선거를 규탄하며'라는 글이 올라왔다. 이청호 부산 금정구 공동지역위원장은 윤금순(1번) 후보와 오옥만(9번) 후보가 바뀐 것은 현장투표였다고 주장했다. 온라인투표 2위였던 노항래 후보가 2번이 아닌 10번에 배치된 것도 조작된 결과라고 밝혔다. 비례대표 선거 최종 집계결과 노 후보가 8번에, 이영희 후보가 10번에 배정됐는데 갑자기 두 사람 순위가 바뀌었다고 폭로했다.

　통합진보당은 4월 12일 공동대표단 회의에서 '비례대표 후보 선출선거 진상조사위원회'를 꾸려 조사에 착수했다. 조준호 진상조사위원장은 5월 2일 기자회견을 열고 "지난 3월 실시된 비례대표 후보 선거는 선거 관리능력 부실에 의한 총체적 부실·부정선거였다. 이로 인해 당원들의 민의가 왜곡되고 국민들로부터 많은 의혹과 질타를 받게 된 데 송구함과 무거운 책임감을 통감한다. (현장투표에서는) 분명한 부정적인 내용을 확보했다. 투표소가 제대로 관리되지 않았고, 동일인 필체가 이어지는 등 대리투표로 추정되는 것들이 나왔다."라고 말했다.

실제 현장투표에서 선거인명부보다 실제 투표수가 많은 투표소 7곳(총 611표)이 발견됐다. 투표마감시간 이후에 온라인 시스템에 등록되지 않은 다수의 현장투표가 집계됐고, 다수 투표소에서 다양한 형태의 부정행위와 당규 위반이 나타났다. 온라인투표에선 동일한 IP(인터넷 프로토콜)주소에서 집단적으로 투표가 이뤄지고 당원이 아닌 사람이 투표한 부정행위도 확인됐다. 그러나 이정희 의원과 당권파는 진상조사위의 결과를 수용할 수 없다는 입장을 내놨다.

5월 12일 통합진보당 중앙위원회에서는 급기야 폭력 사태가 벌어졌다. 당권파는 비례대표 부정 경선 자체를 부정하며 항의했다. 심상정 의원은 의장 자격으로 강령 개정안을 의결하며 만장일치를 선포했다. 그러나 당시 반대와 기권을 한 사람들이 있었고, 참관인들이 흥분해 회의 진행을 막으려고 진입을 시도했다. 회의장은 아수라장이 됐다. 조 위원장과 유시민 대표가 부상을 당했다. 당원들끼리 난투극이 벌어졌고, 옷이 찢기고 머리카락을 뜯겼다.

10년 뒤 정의당에서는 연이은 선거 패배로 비례대표 의원들에 대한 책임론이 제기됐다. 정호진 전 수석대변인은 2022년 7월 5일 비례대표 국회의원 사퇴 권고 당원 총투표를 제안했다. 정의당 당헌당규상 당원총투표는 당권자(투표권을 가진 당원) 5% 이상의 서명으로 발의할 수 있다. 그러나 정의당 지도부는 7월 7일 비례대표 국회의원 사퇴 권고 당원총투표에 대해 불가 판단을 내렸다. 비례대표 사퇴 권고가 당원 소환에 해당한다고 해석했다. 당원 소환은 선출직 당직자와 공직자가 강령 및 당헌·당규 위반으로 당의 권위와 명예를 실추시킨 경우에 실시할 수 있고, 당권자 10%의 이상의 연서명이 있어야 한다.

결국 8월 7일 정의당 비례대표 국회의원 총사퇴 당원 총투표가 당원 1032명의 서명으로 제출됐다. 그제야 정의당 비상대책위원회는 당원들의 뜻을 받들어 총투표를 실시하기로 의결했다. 정의당은 비례대표 국회의원 사퇴 권고안은 개표 결과 전체 투표자 수 7560명 중 찬성 40.75%, 반대 59.25%로 끝내 부결됐다. 당원 총투표가 실시되기는 했지만 최초 불허 판단은 당권파의 반민주적인 자기 방어였다. 당시 비례대표 사퇴 권고 당원 총투표의 당사자들이 불가 판단을 내렸기 때문이다.

진보정당의 미래는 당내 민주주의의 복원, 계파주의 극복이 관건이다. 지금까지 주요 의사결정이 소수의 계파 중심으로 이뤄졌고, 내부적으로 자정시스템이 작동하지 않았다. 계파 간의 경쟁구도를 지양하고, 공동목표를 설정해 협력적인 정당 문화를 조성해야 한다. 이를 통해 진보정당이 한국 정치의 대안 세력으로 다시 일어설 수 있는 기반을 마련해야 한다. 이것이 전제되지 않는다면 앞으로 진보정당들의 통합은 '정치쇼'로 봐도 무방하다. 어차피 선거 이후 또다시 분열할 테니 말이다.

08

동떨어진 진보정당

　진보정당의 역사는 노동운동으로부터 시작됐다. 진보세력은 1995년 민주노총 창립 이후 국민승리21을 거쳐 민주노동당으로 정당의 형태를 갖췄다. 그러나 예나 지금이나 진보정당에 따라붙는 꼬리표는 바로 '노동자 없는 진보정치'이다. 대다수의 국민들은 노동자이지만 진보정당은 실제 이들과 거리가 멀다. 그 중심에는 핵심 지지기반인 민주노총에 의존적인 구조가 자리 잡고 있다.

　진보정당과 민주노총은 긴밀한 협력관계를 유지해 왔다. 선거 때는 민주노총이 진보정당 지지를 선언하고, 진보정당은 총파업 시에 연대에 나선다. 그러나 민주노총을 바라보는 국민들의 시선은 차갑기만 하다. 민주노총은 노동자 집회와 파업을 주도하면서 과격한 투쟁 방식과 폭력을 사용하는 등 부정적 이미지가 강하다. 모든 의사결정은 지도부를 중심으로 행사되고 있으며, 다양한 목소리가 충분히 반영되지 않고 있다는 목소리가 나온다.

　민주노총은 노동계에서는 특권집단이라는 평가를 받는다. 비정규직 노동자, 플랫폼 노동자, 청년층 등 사회적 약자들이 아닌 정규직, 대기업 노동자들을 대변하고 있기 때문이다. 국내 노조 조직률은 2022년 기준

13.1%이다. 100명 미만 사업장은 1.3%, 30명 미만은 0.1%에 그치고 있다. MZ세대(밀레니얼+Z세대) 노조 가입의 필요성을 느끼지 못하고, 노동 사각지대에 있는 사람들은 노조 설립의 여건이 안 된다.

　진보정당은 민주노총의 문제점을 공개적으로 비판하지 못한다. 대중적 기반이 약하기 때문에 민주노총의 대규모 조직의 지지와 지원이 절실하기 때문이다. 이들의 지원을 잃으면 선거와 조직 운영에 엄청난 타격을 입게 된다는 두려움이 있다. 결국 노동자를 대변하겠다는 목표를 내걸었지만 실제는 일부 상층 노동자만 대변하게 됐다. 노동계가 상층과 하층으로 나뉜 상황을 인정하지 않고 산업화시대의 체제를 그대로 유지하면서 전체 노동자들의 진보정당 지지를 바라는 것은 어불성설이다.

　노무현 대통령과 노회찬 의원은 달랐다. 노 대통령은 2003년 6월 27일 청와대에서 이젠 노동자들이 자율권을 갖고 활동할 자유가 주어진 만큼 그런 특혜도 해소돼야 한다며 노조 전임자에 대한 급여 요구, 파업 기간 중 임금 요구, 쉽지 않은 해고 등을 지적했다.

　노 의원은 2007년 1월 31일 기자간담회에서 "민주노총과 민주노동당은 서로 독립적이며 동반자적 관계이다. 지분으로 힘을 행사하려고 해서는 안 된다. 창당 과정에서 부득이하게 채택한 민주노총 할당제 방식은 극복돼야 한다. 장기적으로 없어져야 한다."라고 밝혔다. 당시 민주노총이 민주노동당 대의원·중앙위원의 28%를 차지하도록 한 부분할당제는 끊임없이 문제가 제기됐다.

　시대적 변화에 맞게 진보정당이 변화해야 한다. 진보정당과 민주노총의 관계는 진보정치의 성패를 결정짓는 중요한 지점이다. 민주노총과의 노동 현안을 해결하기 위한 공동 목표를 실현하고 협력관계는 유지하되 상호 독립성을 강화해야 한다. 진보정당은 민주노총만을 대변하는 것이 아니라 비정규직, 중소기업, 플랫폼 노동자 등 전체 노동자의 목소리를 담아내야 한다. 노동자 문제를 중심으로 하면서도 다양한 계층과의 연대를 강화해 더 폭넓은 사회적 기반을 구축해야 할 것이다. 대중과 동떨어진 진보정당은 존재 자체가 무의미하다.

09

세대교체 실패

'권영길, 노회찬, 심상정, 이정희.'

진보정치 1세대는 끝이 났지만 그 뒤를 이을 사람이 보이지 않는다. 지지율이 1%에서 15%로 비약적 성장을 거둔 적도 있지만 이제는 딱히 내세울 만한 간판급 정치인이 없다. 그토록 목 놓아 외쳤던 원내교섭단체는커녕 정의당은 0석, 진보당은 3석으로 국회에서의 목소리는 더 작아졌다.

심상정 의원은 2022년 7월 12일 정의당 홈페이지에 '정의당 10년 역사에 대한 평가서'를 올렸다. 심 의원은 "저는 정의당의 오늘에 이르기까지 개별 행위자로서는 가장 큰 영향을 미친 사람이고 그만큼 책임도 무겁다. 저는 진보정당 1세대의 실험이 끝났다고 본다. 민주노동당 창당 이래 23년간을 버텨 왔지만 우리는 미래를 열지 못했다. 그 지난한 과정에서 저의 책임을 통감한다. 그간 당을 주도해 온 세력은 낡았고 심상정의 리더십은 소진됐다. 이제 차기 리더십이 주도할 근본적 혁신은 주류세력 교체, 세대교체, 인물교체를 통해 긴 호흡으로 완전히 새로운 도전으로 나아가는 것이다."라고 말했다. 현시점에서 심 의원의 약속한 세대교체는 완전히 실패했다.

과거 진보정당은 거대양당을 견제하면서 정치적 입지 구축해 왔다. 권영길 의원은 2002년 대선 TV 토론회에서 "국민 여러분 행복하십니까. 살림살이 좀 나아지셨습니까."라고 말해 대히트를 쳤다. 이 한마디로 권 의원은 민주노동당을 국민들에게 각인시켰고, 지지율은 방송 직후 최대 10%포인트 상승하기도 했다. 최종적으로 대선에서 3.9%의 득표율을 기록했고, 2004년 17대 총선에서 민주노동당은 9석을 차지했다.

노회찬 의원은 2004년 4월 3일 KBS에서 "사람을 보고 찍겠다는데 선거 때만 되면 갑자기 어디서 산천어, 열목어 다 나타난다. 다 깨끗하다 이거죠. 그런데 우리가 이제까지 경험해 봤지만 깨끗하다는 산천어, 열목어 선택해 봤자 3급수, 4급수 들어가 있는 정당에다가 넣어버리면 곧 물고기가 죽는다."라고 비판했다. 선거철이면 인재영입으로 이미지 쇄신을 하는 거대양당에 대한 촌철살인의 한마디였다.

심 의원은 2015년 9월 11일 국정감사에서 "이 짝퉁 임금피크제. 이게 임금 상한제인데 왜 이 사회에서 고액임금 받는 사람들은 임금상한제에 포함 안 시켜요. 장관은 왜 1억 2000만원씩 다 갖고 가요. 국회의원은 왜 1억 4000만원씩 다 받아야 되고. 5000만~6000만 원 받는 늙은 노동자들, 3000만 원짜리 청년 연봉 만들어 내라고 하면서 왜 이 자리에 있는 사람들은 고액임금 다 받아갑니까 왜. 양심이 있어야 될 거 아니에요. 200만 원도 못 받는 940만 노동자들, 허리띠 졸라매는 게 아니라 목 조르는 것이에요. 노동자 목 조르는 노동부 장관 자격 없어요."라는 사자후가 화제가 됐다.

이정희 의원은 2012년 대선 TV 토론회에서 "충성 혈서를 써 일본군 장교가 된 다카키 마사오. 누군지 아실 것이다. 한국 이름 박정희. 군사 쿠데타로 집권하고 한일협정을 밀어붙인 장본인이다. 유신독재하고 철권을 휘둘렀다. 뿌리는 속일 수 없다. 친일과 독재의 후예인 박근혜 후보와 새누리당이야말로 애국가 부를 자격도 없다. 이것만 기억하시면 된다. 저는 박 후보를 반드시 떨어뜨릴 것이다. 그리고 진보적 정권교체를 해낼 것이다."라며 '박근혜 저격수'로 이름을 날렸다.

정의당은 노 의원이 세상을 떠난 뒤로 '심상정의당'이라는 말이 나올 정도로 1인 정당 체제가 됐다. 그러나 2024년 총선에서 심 의원은 낙선했고 정계은퇴를 선언했다. 통합진보당은 해산 직후 이 의원이 정계를 떠났고, 진보당이 명맥을 겨우 이어가고 있다. 진보정당의 기존 유력 정치인들은 오랜 활동 경력을 기반으로 강력한 리더십을 발휘했지만 장기적으로는 젊은 정치인들에게 성장의 기회를 제공하지 못하면서 걸림돌이 돼버렸다.

심 의원과 이 의원은 정계은퇴는 너무나도 무책임하다. 이들은 MZ세대(밀레니얼+Z세대)들의 정치인으로의 성장을 도와야 한다. 청년 정치인들의 후견인 역할을 하고, 실질적인 정치적 경험을 쌓을 기회를 제공해야 한다. 구시대적인 권력 집중 체제에서 벗어나 다양한 리더십이 공존할 수 있는 구조를 만들어내야 한다. 진보정당의 세대교체는 또 다른 1인 체제가 아닌 정당 문화와 구조, 정치적 비전을 새롭게 정립하는 문제다.

10

비례대표 논란

제21대 총선에서 정의당은 최악의 수를 놓았다. 심상정 의원 외에 지역구 당선이 쉽지 않은 상황에서 비례대표 순번은 정의당의 정체성과 차별성을 보여주는 것이었다. 그러나 정의당은 대리게임이라는 역대급 논란에 휩싸였다. 이는 심 의원의 리더십에도 큰 손상을 입혔다.

정의당은 당원투표와 시민선거인단 투표를 통해 최종 득표율을 정했다. 낭시 남성은 배신교 후보 9.54%, 신장식 후보 7.56%, 빅칭진 후보 7.3%, 양경규 후보 7.21% 등 순이었다. 여성은 강은미 후보 6.83%, 이은주 후보 6.32%, 이자스민 후보 등이 상위권을 차지했다. 일반적으로 정당의 비례대표 순번은 기호 1번부터 홀수는 여성, 짝수는 남성으로 구성한다. 그러나 정의당은 비례 1번, 2번, 3번, 5번 등이 여성이었다. 여기서 1번과 2번을 청년 할당 방식 배치했다. 최종적으로 1번 류호정 후보, 2번 장혜영 후보, 3번 강은미 후보, 4번 배진교 후보, 5번 이은주 후보, 6번 신장식 후보 등이 배정됐다.

류 후보는 2014년 자신의 아이디를 남자친구에게 공유해 리그오브레전드(LoL) 게임 실력을 부풀렸다는 의혹이 제기돼 이화여대 e스포츠 동아리 회장직에서 물러난 사건이 발단이 됐다. 신 후보는 오래전 일이지만 2006~2007년 음주운전 1회, 무면허 운전 3회 등 도로교통법 위반으로 벌금 600만 원을 선고받은 전례가 있는데 공천 심사를 통과해 문제가 됐다.

정의당은 류 후보는 재신임을, 신 후보에게는 사퇴를 권고했다. 심 의원은 2020년 3월 16일 선거대책위원회 현판식에서 "국민에게 심려를 끼쳐드려 죄송하다. 이번을 계기로 당의 공직자 윤리기준을 대폭 강화하고 시스템을 점검하겠다. 전국위원회는 깊은 숙고 끝에 류 후보가 사회에 나오기 전에 저지른 잘못이고, 당시에도 사과했고, 지금도 깊이 성찰하고 있는 만큼 똑같은 실수를 반복하지 않을 것이란 믿음을 갖고 있다. 이제 막 정치를 시작하는 청년 정치인에게 다시 한번 기회를 주실 것을 국민 여러분께 호소드리기로 결정했다."라고 밝혔다. 이때 정의 없는 정의당이라는 조롱과 함께 20·30대 남성 표심이 완전히 돌아섰다.

심 의원이 힘을 실어준 청년정치인들은 당세가 기울자 최전선에서 정의당을 공격했다. 이들의 당내 세력인 세 번째 권력은 진보정치를 구체제로 규정하고 제3지대로 나아가자고 했다. 그러면서 노회찬 의원의 상징인 '6411 버스'에서 이제 내릴 시간이라고 주장했다. 이 와중에 류 의원은 제22대 총선을 앞두고 금태섭 전 의원의 새로운선택에 합류하겠다면서도 정의당에서 나가지 않아 여론의 질타를 받았다. 비례대표 의원의 경우 탈당 시 의원직을 잃기 때문이다.

정의당이 징계 절차에 착수하자 그제야 탈당을 선언했다. 류 의원은 2024년 1월 15일 국회 소통관에서 기자회견을 열고 "정의당이 다시 민주당 2중대의 길로 가고 있다. 어제는 운동권 최소연합을 선언했지만 조만간 조국신당, 개혁연합신당, 진보당 등과 함께 민주당이 주도하는 비례위성정당에 참가하게 될 것이다. 대한민국 시민은 이제 한 손으로 셀 수 있는 정도의 의석을 갖고, 가장 실현하기 어려운 법안을 내면서, 우리가 가장 진보적이라 자위하는 정치는 필요 없다고 한다. 지금 이 순간에도 정의당이 민주당의 도움 없이는 살아남을 수 없는 정당으로 몰락해 가는 것은 참을 수가 없다."라고 망언을 했다. 그러나 정의당은 선거 당시 비례위성정당에 참여하지 않았고 민주당과는 분명한 선을 그었다.

 청년 비례대표 전면 배치는 새로운 지지층을 끌어들이려는 시도였으나 결과적으로 완전한 오판이었다. 류 의원의 발언과 행동은 노동 중심 정당이라는 정의당 노선과 괴리가 있었다. 기존 지지층에게 배신감을 느껴 떠났고 집토끼를 모두 잃었다. 진보정당의 전략적 부재와 내부 갈등으로 인한 실책으로 평가된다. 앞으로도 대중성과 정체성 간의 균형을 찾지 못한다면 똑같은 실패는 반복될 것이다.

11

내로남불 페미니즘

　페미니즘은 죄가 없다. 노무현 대통령은 최초로 성인지 예산편성을 추진했고, 노회찬 의원은 조남주 작가의 '82년생 김지영'의 홍보대사였다. 두 분 모두 성평등 실현을 위해 누구보다도 힘써왔다. 다만 현재 남성혐오로 치달은 '급진적 페미니즘'과 진영논리에 빠진 '내로남불 페미니즘'이 문제다. 이런 점들이 페미니즘 자체에 대한 혐오를 낳고, 진보정당의 페미니즘 슬로건을 무색하게 만들었다.

　정의당은 메갈리아당·워마드당이라는 별칭이 붙었다. 메갈리아와 워마드는 커뮤니티 사이트로 여성혐오를 그대로 남성에게 돌려준다는 미러링 방식을 사용한다. 이 과정에서 남성혐오주의를 퍼뜨리고 성희롱·범죄에 가까운 행위를 저질렀다. 이에 대해 정의당은 소극적인 태도를 보였고 많은 비판을 받았다.

　2016년 정의당은 메갈리아 성우 옹호 발언으로 논란에 휩싸였다. 게임업체 넥슨의 여자 성우가 교체됐는데 메갈리아 후원 티셔츠를 입고 출근한 것이 원인이 됐다는 의견이 제시됐다. 정의당 문화예술위원회는 기업의 노동권 침해라고 비판했고, 당원들의 탈당 러시가 이어졌다. 그러자 정의당 상무위원회는 논평 취소 결정을 내렸다.

　2020년 7월 11일 박원순 서울시장 조문 문제가 불거졌다. 류호정·장혜영 의원은 성추행 피해자에 대한 지지를 밝히고, 장례식장에 가지 않겠다고 선언했다. 심상정 의원은 7월 14일 정의당 의원총회에서 "두 의원의 메시지가 유족분들과 시민의 추모 감정에 상처드렸다면 대표로서 진심으로 사과드린다."라고 밝혔다. 심 의원은 성추행 피해 여성을 피해자가 아닌 '피해호소인'이라는 표현을 쓰기도 했다.

2021년 1월 25일 김종철 대표가 성추행 의혹으로 전격 사퇴했다. 피해자인 장혜영 의원은 "젠더 폭력 근절을 외쳐왔던 정치적 동지이자 마음 깊이 신뢰하던 우리 당 대표로부터 평등한 인간으로서 존엄을 훼손당하는 충격과 고통은 실로 컸다. 제가 겪은 고통에 대해 이야기하고 이 문제로부터 자유로워지고 정치라는 저의 일상으로 돌아가고자 한다."라고 밝혔다. 그러나 김 대표를 형사고소하지 않겠다는 의사를 밝혀 논란이 됐다.

2022년 5월 16일 강민진 청년대변인은 "지난해 11월 대선을 앞두고 열린 전국 행사의 뒤풀이 자리에서 모 광역시도당 위원장은 저의 허벅지에 신체접촉을 했다. 여영국 대표는 '이번 일은 공식 절차를 밟지 않고 내가 해당 위원장에게 경고를 하겠다. 아무도 이 일에 대해 발설하지 말라'는 내용으로 결론을 지었다."라고 폭로했다. 정의당 지도부의 황당한 대처로 2차 가해가 벌어진 사건이었다.

정의당은 페미니즘을 주요 가치로 내걸었지만 당 내부의 성평등 문화 수준을 봤을 때는 그저 선언에 불과했다. 국민들에게는 페미니즘정당이 내부 성폭력을 방조한 이중적 태도를 보였다는 지탄을 받을 수밖에 없었다. 정의당은 페미니즘을 통해 청년 여성 지지층을 확보하려고 했지만 당의 외연은 오히려 축소됐다. 심 의원은 제20대 대선일 '저 심상정은 표가 떨어져도 페미니즘은 떨어뜨리지 않았다'라고 했는데 결과적으로 아무 것도 얻지 못했다.

12

잊혀진 생활정치

　2024년 10월 11일 강서구청장 재보궐선거는 대선을 방불케 했다. 정권심판론을 내건 더불어민주당과 대통령의 전폭적인 지원을 받은 국민의힘 후보가 맞붙었기 때문이다. 진보정당이라고 예외는 아니었다. 정의당은 모든 당력을 집중해 전력투구를 했다. 진보당에게 진보정치의 패권을 빼앗길 수 없다는 판단이었다. 선거 결과 권수정 정의당 후보는 1.83%, 권혜인 진보당 후보는 1.38%를 얻었다. 그러나 내용적 측면에서는 진보당의 압승이었다. 진보당은 쓰레기 줍기라는 이색적인 선거운동으로 '생활정치'에 초점을 맞췄기에 가능한 일이었다.

　생활정치는 복잡한 이념 논쟁에서 벗어나 국민의 삶과 직접 연결된 문제를 해결하는데 집중한다. 국민들이 체감할 수 있는 변화를 통해 정치에 대한 신뢰를 회복하고, 더 많은 사람들에게 진보정당의 가치를 전달하려는 전략이다. 지역 기반의 풀뿌리 정치와 밀접하게 연결되며 노동자, 소상공인, 농민, 장애인, 여성, 청년 등 사회적 약자들과의 직접 소통에 나선다. 그러나 언젠가부터 진보정당에서 생활정치가 사라졌다. 오로지 추상적 이념과 거대담론에 빠져 구호만 외치기에 바빴다. 자연스럽게 거대양당과 차별화를 이뤄내지 못했다.

10월 16일 전남 영광군수 재보궐선거는 생활정치의 저력을 느낄 수 있었다. 진보당은 민주당 텃밭에서 30.72%를 득표했다. 비록 장세일 더불어민주당 후보(41.08%)에게는 졌지만 조국혁신당 후보(26.56%)를 제쳤다. 진보당의 약진은 생활밀착형 봉사활동에 있었다. 이석하 진보당 후보는 30년간 농사를 지었고, 농민들을 대변했던 활동가 출신이다. 당원들이 선거 두 달 전부터 마을에서 농사를 돕고, 경로당을 청소하는 등 봉사활동을 시작했다. 진보당의 생활정치에 유권자들은 마음을 열기 시작했다.

이 후보는 선거 패배 직후 "저에게 과분한 사랑과 지지를 보내주신 군민 여러분께 엎드려 감사의 인사를 드린다. 군민의 주권이 실현되는 군정, 정치혁신을 바라는 군민들의 열망, 지역소멸의 돌파구를 마련하고자 하는 군민의 소망은 여전히 유효하다. 앞으로도 저는 우리 영광군을 위해 제가 할 수 있는 모든 일로 헌신하며, 늘 우리 군민들의 곁에 함께 하겠다."라고 밝혔다.

두 차례의 선거는 진보정당에게 시사하는 바가 크다. 지역 밀착형 생활 정치가 얼마나 중요한지를 새삼 깨닫게 했다. 이를 모델로 삼아 진보정당은 지역 기반의 신뢰를 쌓는 활동을 강화하고, 국가적 차원의 큰 의제를 해결하는 방향으로 확장해 나가야 한다. 주민과의 공감과 소통, 작지만 실질적인 변화, 풀뿌리 조직 강화를 통해 진보정당은 대중적 신뢰와 지지를 얻는 길을 찾아야 한다. 이것이야말로 이상을 현실로 만드는 정치의 필요성을 보여주는 것이다. 위로부터의 민주주의 아니라 아래로부터의 민주주의로 나아가야만 한다.

13

대통합의 부재

제22대 총선에서 정의당은 단 한 명도 당선시키지 못하면서 원외정당으로 추락했다. 비례대표 득표율은 2.14%로 봉쇄조항을 넘기지 못했다. 정의당은 진보정당 전체를 아우르지 못하고 녹색당과의 소통합에 그쳤다. 양당 구도로 치러지는 선거에서 진보정당이 살아남기 위해서는 대통합이 필요했지만 각자도생의 길을 택했다.

진보정당들은 더불어민주당의 위성정당 참여를 놓고 의견이 엇갈렸다. 정의당과 녹색당은 민주당과의 연합을 거부하고 선거연합정당인 녹색정의당을 띄웠다. 김준우 공동대표는 2024년 2월 3일 출범식에서 "녹색정의당은 단순한 정치공학이나 이합집산이 아니라 노동과 녹색, 차별 철폐라는 가치에 기반한 연합이다. 윤석열 정권의 심판을 넘어 우리 사회의 새로운 미래를 함께 그려보는 작업이기도 하다. 생태, 평등, 돌봄, 사회, 연대국가를 한국 사회의 새로운 상식으로 그려볼 것이다."라고 밝혔다. 막판 여론조사에서 당 지지율이 3%를 넘기지 못할 위기에 처하자 '다시 한번 기회를 달라'고 읍소했지만 반전은 없었다. 양당은 선거 이후 다시 정의당과 녹색당으로 복귀했다.

반면 새진보연합(기본소득당·사회민주당·열린민주당)과 진보당은 더불어민주연합에 참여했다. 비례대표 후보로 총 30명 중 새진보연합과 진보당이 각각 3명, 연합정치시민회의가 4명의 국민 추천 후보를 냈다. 민주당은 나머지 20명의 후보를 채웠다. 용혜인 기본소득당 대표는 3월 3일 창당대회에서 "다 함께 손잡은 것은 윤석열 정권 심판을 위해 더 크고 확고하게 승리하기 위한 선택이자 결단이다."라고 밝혔다. 윤희숙 진보당 상임대표는 "윤석열 정권의 폭정이 우리의 연합정치를 만들었다. 야권의 단결은 필승이다."라고 말했다. 그 결과 진보당은 3석, 기본소득당은 1석, 사회민주당은 1석을 얻었다. 주체사상파(NL) 계열인 진보당은 통합진보당 해산 이후 12년 만에 원내에 다시 진입했다. 그러나 자력이 아닌 민주당에 기댄 상처뿐인 영광이었다.

진보정당사에서 대통합이 어려운 이유는 과거 계파 갈등의 앙금 탓이다. 민주노동당 시절부터 이어져 온 민중민주파(PD)와 NL의 이념적 대립이 크다. 통합진보당 비례대표 부정선거와 폭력 사태는 양 진영 간 깊은 상처를 남겼다. 현재까지도 진보정당들이 상호 불신을 하며 서로를 견제하기에 바쁘다. 진보 대통합 논의가 나와도 실질적으로 결합이 이뤄지지 못하는 이유다.

진보정당 간의 분열과 소통합 과정이 반복되면서 지지층들은 피로감을 느끼고 있다. 진보 대통합은 단순히 정당 조직을 합치는 것을 넘어 정책, 비전, 조직 문화의 융합이 필요하다. 진보정당들은 아주 조금의 차이일 뿐 노동권 강화, 불평등 해소, 환경 보호, 성평등, 인권 등 가치를 공유하고 있다. 이러한 공통 기반을 바탕으로 연합한다면 과거 통합진보당 같은 진통은 겪지 않을 것이다.

노회찬 의원은 2007년 대선 예비후보 중앙선거대책본부 출범식에서 "당내에서 소위정파끼리도 소통이 안 되는데 어떻게 국민들하고 소통을 하느냐. 소통을 하기 위해서 우리는 어떤 노력을 하고 있느냐?"라고 일침을 날렸다. 정치적 이합집산을 넘어 새로운 진보정치의 모델을 제시하고 사회 변화를 이끌어내야 한다. 이러한 과정을 거쳐야만 진보정당이 대중에게 신뢰를 회복하고 더 큰 정치적 목소리를 낼 수 있다.

14

사라진 이슈파이팅

　과거 민주노동당은 거대한 소수전략을 내걸었다. 비록 국회에서의 의석수는 적지만 노동자, 농민, 서민 등을 등에 업고 강력한 이슈파이팅을 통해 입법을 성공시키겠다는 생각이었다. 민주노동당의 정책 제안은 우리 사회에서 처음으로 선보여진 파격적인 정책이 많았다. 이는 대부분 유럽의 사회민주당, 녹색당 등 진보정당의 정책을 차용해 온 것으로 그야말로 놀풍을 일으켰다. 기성 정당에서는 허황된 정책이라고 비판을 했으나 무상급식, 기초노령연금, 아동수당 등이 현실화됐다. 그러나 정의당은 사회적 의제 설정에 실패하면서 내리막길을 걸었다.

　민주노동당의 정책은 부자 증세를 통한 복지 확대를 근간으로 했다. 민주노동당은 정책전문위원만 60명이었고, 10석의 의원실 보좌진을 합치면 정책 전문가가 100명에 육박했다. 진보 지식인들이 민주노동당에 와서 일을 하고 싶어 했고, 정책 역량은 거대 양당을 뛰어넘었다. 민주노동당의 원내 진출 직후 국민적 관심이 높아지면서 당 지지율은 20%까지 치솟았다. 진보세력이 명확한 정체성과 메시지로 대중의 공감을 얻어낸 성과였다.

　민주노동당은 2005년 7월 15일 무상의료·무상교육 100만 인 서명

운동을 시작했다. 김혜경 민주노동당 대표는 "무상의료와 무상교육은 사람이 삶을 살아가는데 필수적인 기본권이자 서민의 살림살이를 펴게 하는 획기적인 정책이다. 많은 국민들이 민주노동당의 정책을 비현실적이라고 생각했지만 지금은 정치권과 정부에서도 무상의료, 무상교육 정책에 대해 논의를 하고 있다. 최근 정부가 발표한 암 등 중증질환 환자의 본인부담금 경감과 상급병실료 의료보험 확대, 입원환자 식사료 보험 적용 등은 민주노동당이 주장해 온 무상의료의 초기 단계에 해당하는 정책들이다. 민주노동당은 무상보육과 무상학교급식, 초·중학교의 완전 무상교육 등 3대 중점사업을 선정해 법안 마련과 지자체 조례 재·개정 사업을 진행하고 있다."라고 설명했다.

무상시리즈는 제5회 지방선거에서 화두가 됐다. 민주당이 무상급식을 전격 수용했고, 한나라당은 '무상복지=공짜'라며 포퓰리즘이라고 공격했다. 노회찬 의원은 2010년 5월 11일 CBS라디오에서 "한나라당에서 부자들에게 왜 급식을 하느냐고 한다. 그래서 가난한 사람들 70%만 하고 부자 30%는 안 하겠다고 한다. 사실 서울의 경우는 1년에 한 1900억 정도 되고, 비용이 그렇게 많이 들지 않는다. 그런데 지금 이명박 정부가 부자들의 세금을 갖다가 얼마나 깎아줬느냐 살펴보면 종합 부동산세를 포함해 5년 동안 90조이다. 막대한 혜택을 부자들에게 주면서 값싼 점심 값은 부자들이 직접 내라고 얘기하는 것은 도저히 앞뒤가 다른 이야기이다."라고 꼬집었다.

오세훈 서울시장은 무상급식 반대에 정치인생을 걸었다. 2011년 8월 24일 주민투표에서 패배할 경우 시장직에서 사퇴하겠다고 선언했다. 최종투표율은 25.7%로 투표함을 개봉할 수 있는 투표율 33.3%를 달성하지 못해 부결처리 됐다. 결국 오 시장은 8월 26일 "저의 거취로 인한 정치권의 논란과 행정공백을 최소화하기 위해 즉각적인 사퇴로 저의 책임을 다하겠다."라고 밝혔다. 그렇게 초등학교 전체 무상급식이 실시됐다. 2012년 19대 총선에서 민주당과 새누리당은 무상급식·보육·의료, 아동수당, 고교 전면 의무교육 등을 대거 받아들였다.

진보정당에겐 과감한 정책이 필요하다. 인공지능(AI) 시대, 노동자 권리, 양극화, 기후위기 등 시대적 요구에 맞는 비전으로 이슈를 선점해야 한다. 진보정당이 '민주당 2중대'가 아니라 민주당을 '정책 2중대'로 만들어야 한다. 민주노동당 모델을 계승·발전시켜 단기적 성과에 집착하지 않고, 사회적 의제 형성과 대중적 지지 확장에 모든 힘을 쏟아야 한다. 현재 진보세력이 소수정당의 한계를 극복하고 정치적 주도권을 회복하는 유일한 길이다.

15

반쪽짜리 선거개혁

선거제도 개혁은 진보정당의 오랜 숙원이었다. 2004년 제17대 총선에서 민주노동당이 원내에 진입한 것은 1인 2표제(지역구·비례대표) 도입이 컸다. 노무현 대통령과 노회찬 의원의 독일식 정당명부 비례대표제 도입 제안은 양당 기득권을 깨지 못했다. 2018년 심상정 의원이 정치개혁특별위원장을 맡으며 절호의 기회를 맞았지만 제대로 된 개혁을 이뤄내지 못했다.

진보정당의 한결같은 염원은 득표율과 의석수의 비례였다. 2019년 12월 27일 준연동형비례대표제가 도입됐지만 정당 간 타협의 산물로 비례대표 47석 중 30석에 대해 연동률 50%가 적용됐다. 산출식은 '(의석할당정당 총의석수×정당별 득표비율−지역구 당선자수)÷2'로 상당히 복잡했고, 해당 산식에 따른 의석수가 30석을 초과하면 각각의 득표 비율을 계산해 할당 의석수를 재조정하기로 합의했다.

선거법 타협안은 국민들의 지지도 얻지 못했다. 복잡한 산식은 '모든 표가 평등한 가치를 가져야 한다'는 명확하고 간단한 메시지로 설명될 수 없었다. 정당 간 타협안의 배경과 필요성은 설득력 있게 전달되지 못했고 정치적 신뢰를 잃었다. 심 의원은 연동형비례대표제를 설명하는 과정에서 "국민은 산식을 알 필요 없다"라고 발언해 비하 논란이 일기도 했다.

당시 선거법에는 치명적인 허점이 있었다. 진보정당이 줄기차게 주장해 온 선거제도 개혁이었지만 실질적인 준비가 부족했다고 볼 수밖에 없다. 자유한국당은 미래한국당이라는 별도의 위성정당을 만들겠다고 선언했다. 이에 맞서 더불어민주당은 더불어시민당을 창당했고 선거제의 취지를 완전히 무력화시켰다. 위성정당은 선거 후 양당에 통합됐고, 소수정당의 의석 점유율은 더 낮아졌다. 제22대 총선에서는 비례대표 47석 모두에 연동형이 적용됐지만 거대 양당의 위성정당 만행은 또다시 반복됐다. 기존 진보정당 지지층은 굴욕적 타협안에도 실질적 성과를 내지 못한 것에 대해 좌절했다.

심 의원은 2020년 9월 15일 비교섭단체 대표연설에서 "국회를 새로 구성하면 늘 등장하던 유력 정치인들의 단골 메뉴인 정치개혁이 사라졌다. 위성정당 후유증이다. 개혁을 거부한 보수야당과 개혁을 무너뜨린 여당의 합작이 민주주의를 후퇴시키고 모두를 부끄럽게 만들었지만 거대양당의 반성문은 아직 본 적이 없다. 정의당이 선거제 개혁에 진력했던 이유는 정의당만의 절박성 때문이 아니었다. 국민을 닮은 국회, 다양성의 정치는 더 미룰 수 없는 시대적 요구였기 때문이다. 그러나 거대양당의 밥그릇 논리로 절호의 기회가 전복됐다. 국민들은 민주당에게 180석을 안겨줬지만 정치개혁 실패를 면제해 준 것은 아니다. 민주당의 결자해지를 요구한다."라고 비판했다.

정의당은 위성정당에 불참하면서 정치적 원칙은 지켰지만 효과적 대응을 하지는 못했다. 위성정당 금지법 도입은 대중의 공감을 이끌어내지 못했고 민주당을 압박하는데 실패했다. 이제는 단순히 비판을 넘어서 공론화에 초점을 맞춰야 한다. 진보정당 의석 확대가 아니라 국민을 위한 선거제도 개혁이라는 명분을 확보해야 한다. 장기적 정치 전략을 수립해야만 다음번 선거제도 개혁에서 진보정당이 중요한 역할을 할 수 있다.

IV.

나의 노무현 너의 노회찬

진보의 미래

01

대통령제의 종언

　미국의 트럼프 대통령 당선과 대한민국의 비상계엄 선포는 '대통령제의 종언'을 알렸다. 그동안 자유민주주의 정치체제에서 대통령제와 의회제는 경쟁을 벌였다. 그러나 현대 사회에서 이념, 지역, 세대, 젠더 등 갈등이 복잡해지면서 한 사람이 모든 행정권을 독점하는 승자독식 구조의 한계가 명확히 드러나고 있다. 대통령제의 종언은 민주주의의 발전이 멈춘다는 뜻이 아니라 의회제를 넘어서는 대안적 정치체제가 등장하지 않을 것임을 의미한다.

　대통령제는 우리에게 매우 익숙한 제도다. 그러나 사실 미국, 대한민국을 제외한 대부분의 선진국은 대통령제가 아닌 의회제를 채택하고 있다. 대통령제는 제2차 세계대전 이후 미국의 영향을 많이 받은 남아메리카, 아프리카, 아시아 일부에서만 받아들여졌다. 이중 대다수는 독재국가이다. 그러나 우리나라에서 대통령제 선호는 아직도 압도적이다. 한국갤럽이 2024년 12월 3~5일 전국 만 18세 이상 유권자 1100명을 대상으로 조사(95% 신뢰수준에 표본오차 ±3.1%포인트)한 결과에 따르면 현행 대통령제에 문제가 있으므로 개헌이 필요하다는 응답은 51%, 제도보다 운영상 문제이므로 개헌이 필요하지 않다는 38%였다. 11%는 의견을 유보했다. 개헌 방향은 대통령 4년 중임제 46%, 의회제 18%, 준대통령제 14% 순이었다. 그러나 미국의 사례를 보면 알 수 있듯 대통령 4년 중임제를 채택한들 권력 집중 문제는 해결되지 않는다.

많은 사람들이 국회 불신, 세습 정치 등을 이유로 의회제를 반대한다. 그러다보니 준대통령제·책임총리제가 대안으로 제시된다. 준대통령제는 대통령제와 의회제가 혼합된 형태다. 대통령은 상당한 권한을 지녔으나 내각이 의회의 신임에 의존한다. 준대통령제는 여대야소 상황에서는 대통령제처럼 작동하고, 여소야대에서는 의회제와 유사하게 운영된다. 준대통령제를 대통령제·의회와 명확하게 구분 짓기 위해 대통령은 외교·국방을 맡고, 총리는 내치를 담당한다고 단순화하는데 매우 잘못된 설명이다. 대통령은 총리임명권과 의회해산권을 갖고 국무회의를 주재하기 때문에 국정 일부에만 영향력을 행사한다고 볼 수 없다. 여기에 대통령과 총리의 소속정당과 성향이 다른 경우 극단적인 대립이 나타나면서 국정운영이 마비된다. 준대통제를 채택하고 있는 선진국은 프랑스가 유일하며, 현행 대통령제를 보완하는 제도가 아니다.

결국 제왕적 대통령제의 폐해를 극복하고, 다양한 목소리를 정치에 반영하기 위해서는 다당제 연합정치가 필수적이다. 대부분의 유럽 선진국들은 의회제를 통한 연립정부의 형태를 띤다. 이들은 비례대표제를 채택하고 있기 때문에 단일 정당이 과반수 의석을 차지하기가 쉽지 않다. 연립정부는 두 개 이상의 정당이 연합해 의회 내 과반수 의석을 차지하고 정부를 구성한다. 이때 극좌·극우정당은 일반적으로 배제된다. 독일에서는 중도우파인 기독교민주연합과 중도좌파인 사회민주당이 손을 잡는 경우가 흔하다. 이처럼 의회제는 정부와 의회 간의 갈등 가능성을 낮추고, 보편화된 합의정치를 실현한다. 만약 총리가 무능하거나 국민의 신뢰를 잃었을 경우 발 빠르게 정권교체도 가능하다. 우리에게 권력구조 개편이 필요하다면 방향성은 이미 명확하다.

02

100% 비례대표제

현대 민주주의 체제에서 득표율에 비례해 의석수를 배분하는 비례대표제는 가장 공정한 제도이다. 한 정당이 선거에서 10%의 득표수를 획득했다면 의회에서 의석을 10% 가져가는 방식이다. 그러나 지역구와 정당 투표를 합친 혼합형 선거제도는 득표율과 의석수의 격차가 심하다. 그렇기에 유권자들이 선택대로 의회가 구성된다고 볼 수 없다. 현행 준연동형비례대표제 역시 마찬가지다. 이제 선거제도 개혁은 100% 정당명부식 비례대표제로 나아가야 한다.

정당명부식 비례대표제는 기본적으로 정당이 후보자 명부를 유권자에게 제시하고 의원을 선출하는 제도이다. 대부분의 사람들이 즉각적으로 정당의 비민주적 의사결정과 공천장사 문제를 제기할 것이다. 실제 2024년 9월 '명태균 게이트'는 아직까지도 정치브로커가 돈을 받고 정당의 공천을 좌지우지하고, 대의제 민주주의를 왜곡하고 있음을 적나라하게 보여줬다. 이러한 문제를 해결하기 위한 제도적 설계는 반드시 선행돼야 한다.

통상 정당명부식 비례대표제는 대표성 강화, 정치적 다양성 확대, 협력적 정치문화 조성에 기여한다. 유권자의 정치적 의사가 가장 잘 반영되고, 특정 지역이나 특정 정당의 독점적 지배가 완화된다. 양당제가 지배적인 다수대표제와 달리 다양한 이념과 가치관을 국회에 반영할 수 있다. 정치신인, 여성, 장애인 등 과소 대표되기 쉬운 계층의 의회 진출이 가능해진다. 다수대표제는 승자독식 구조로 인해 극단적 정책 변화가 발생할 수 있지만 비례대표제는 여러 정당의 협력을 요구하기에 점진적이고 안정적인 정책 변화가 이뤄진다.

정당명부식 비례대표제는 폐쇄형, 개방형, 자유형으로 나뉜다. 폐쇄형 정당명부식 비례대표제는 정당이 선거 전에 당선 순번을 정하는 방식으로 독일, 뉴질랜드 등에서 사용되고 있다. 당연히 당 지도부, 다선의원들이 유리한 방식이기에 일정정도의 제한이 필요하다. 일단 명부 작성에서 투명성과 공정성을 보장하기 위해 전 당원 투표로 순위를 결정해야 한다. 그 후 당 지도부와 3선 이상의 의원들은 비례대표 후순위로 배치하도록 강제 규정이 요구된다.

개방형 정당명부식 비례대표제는 유권자들의 투표에 당선 순번이 결정된다. 스웨덴, 핀란드, 네덜란드 등이 채택하고 있으며 투표용지에 정당과 비례대표 후보 명단이 나열돼 있어 선택이 가능하다. 이 역시도 전체 당선자에서 당 지도부와 다선 의원들이 20~30% 이상을 초과할 수 없도록 쿼터제를 둬야 한다. 이를 통해 새로운 정치인들이 발굴될 수 있는 발판을 마련해야 한다.

자유형 정당명부식 비례대표제는 유권자가 복수의 정당 명부에서 다수의 후보를 선택할 수 있는 방식으로 스위스, 룩셈부르크 등에 도입돼있다. 자유형은 개방형과 유사하지만 결정적 차이가 있다. 개방형의 경우 하나의 정당 내에서 후보자에 투표하도록 돼있는데 자유형은 서로 다른 정당에 교차 투표가 가능하다.

앞으로 선거제도 개혁에서 중요한 것은 국민 선택의 폭을 넓히는 것이다. 100% 개방형 정당명부식 비례대표제는 우리가 선택할 수 있는 가장 좋은 대안이다. 유권자가 비례대표 후보를 직접 선택할 수 있도록 함으로써 지역구 선거처럼 정치 참여와 관심을 높일 수 있다. 다만 정당명부식 비례대표제가 악용될 경우 유력 정치인들을 선순위에 배치하는 형태로 개혁의 취지 자체를 무력화시키려고 들 것이다. 당선 순번을 득표순대로 결정하더라도 특정 정치인에게 몰표가 나올 수도 있다. 이러한 행위들을 방지하기 위한 몇몇의 아이디어를 제시한 이유다. 이왕 선거제도를 바꿀 것이면 확 뜯어고쳐야 한다. 정치적 유불리를 떠나 '득표율=의석'이라는 민주주의 원칙에 맞게 선거법을 만들어야 한다.

03

진보집권플랜

 진보정당의 집권은 더불어민주당과의 연립정부 구성이 핵심이다. 의회제와 다당제 연합정치 체제 하에서는 한 정당이 단독으로 과반 의석을 차지하기 어렵다. 이러한 현실에서 연합정치는 진보정당이 노동, 복지, 환경 등 정책적 역량을 펼칠 기회를 얻고 정치적 기반을 넓힐 수 있는 좋은 기회다. 장기적으로는 정책 집행 경험과 행정 능력을 축적해 정당의 전문성과 신뢰도를 높일 수 있다.

 일반적으로 의회제에서는 다수정부, 연립정부, 소수정부의 형태가 나타난다. 다수정부는 사실상 영국이 유일한 사례다. 소선거구제를 채택하고 있기 때문에 하나의 정당이 의회에서 과반수 의석을 차지할 수 있어서다. 여당이 의회와 내각을 모두 장악하고 있는 형태로, 매우 막강한 권력집중이 이뤄진다. 연립정부는 선거 직후 정당 지도자들 간의 협상을 통해 만들어지고, 해당 기간에는 퇴임을 앞둔 정부가 과도정부 역할을 한다. 평균 한 달 정도 내 구성이 완료되나 1997년 네덜란드에서는 208일이 소요되기도 했다. 소수정부는 과반 수 이상의 의석수를 확보한 정당이 없고, 정당 사이의 합의가 이뤄지지 못할 때 발생한다. 하나의 정당 또는 소수 정당 연합이 정부를 구성하지만 정치적 불안정성이 매우 높다. 야당이 내각불신임 결의를 통해 한 번에 정부를 무너뜨릴 수 있기 때문이다. 그래서 소수정부를 '헝의회(Hung Parliament)'라고 부르기도 하는데 '대롱대롱 매달려 있다'는 부정적 의미가 담겨있다. 이 경우를 제외하면 의회제는 상당히 안정적인 체제로 유지된다.

연립정부의 유형은 최소승리연합, 과대연합, 대형연합, 연결연합이 있다. 최소승리연합은 의회에서 과반수를 확보하는데 필요한 최소한의 정당만이 참여하는 형태다. 과대연합은 최소승리연합에 필요한 것보다 더 많은 정당들이 참여하는 경우인데 다른 정당들이 협력해 과반을 만들 수 없게 하기 위함이다. 대형연합은 좌파와 우파의 주요 정당들이 모여 정부를 구성하는 것으로, 독일의 사회민주당과 기독교민주연합 연립정부가 대표적이다. 연결연합은 좌파연합, 우파연합처럼 이념적으로 유사한 정당들이 결합하는 것을 말한다.

연합정부는 정당 간 협력과 합의를 통해 중장기적 정책을 추진할 수 있다. 통상 제1당이 제2·3당과 교섭해서 정부를 구성하기로 합의한 뒤 제1당 당수가 총리가 된다. 총리는 연정 파트너 당의 당수를 부총리로 지명하고, 양측의 협상에서 결정된 대로 장관직을 배분한다. 이처럼 책임 총리제하에서 총리가 의회 다수파에 의해 선출되므로, 정당은 자신들의 정책에 대해 직접 책임을 지게 된다. 독일의 경우 콘라트 아데나워 총리 14년, 헬무트 슈미트 총리 8년, 헬무트 콜 총리 16년, 게르하르트 슈뢰더 총리 7년, 앙겔라 메르켈 총리 16년 등 장기간 집권을 통해 민주주의를 발전시켰다. 진보정당은 집권을 통해 사회 개혁을 이끄는 쇄빙선 역할을 해야 한다.

04

제7공화국

    정치권에서 잊을만하면 헌법 개정(개헌) 이야기가 나온다. 막강한 대통령의 권한을 축소해야 한다거나 중임제를 통해 정치적 책임을 물을 수 있어야 한다는 등 여러 가지 주장들이 혼재한다. 당리당략에 따른 것인지, 정치체제에 대한 무지인 것인지 모르겠으나 정치인들의 무책임한 발언이 너무 많다. 오랜 민주주의 역사에서 이미 실험은 끝났다. 이론적으로 정치체제에는 최적의 조합이라는 것이 있다. 권력구조, 정당체제, 선거제도가 조화를 이뤄야만 성숙한 민주주의로 나아갈 수 있다. 제7공화국에서는 대통령제, 양당제, 혼합선거제를 버리고 의회제, 다당제, 비례대표제가 채택돼야 하는 이유다.

    미국의 정치학자 조지 체벨리스(George Tsebelis)는 '거부권 행사자'라는 이론을 제시했다. 정치는 집합적 의사결정으로, 거부권 행사자는 최종 결정을 위해 동의를 거쳐야 하는 사람과 기관을 말한다. 여기서 의사결정에 도달하기까지의 시간·노력인 거래비용과 법·제도 유지를 위한 순응비용이 발생한다. 1인 독재는 거래비용을 최소화하지만 순응비용이 최대화하고, 만장일치제는 순응비용은 최소화되지만 거래비용은 최대화된다. 이상적인 제도는 순응비용과 거래비용의 합을 최소화시키는 조합이 된다.

　대통령제는 삼권분립이라는 원칙하에 제도적으로 거부권 행사자를 규정하고 있다. 미국의 정치제도를 살펴보면 입법부(상원·하원)·사법부 등 다수의 제도적 거부권 행사자가 존재하지만 정당체제(양당제)와 선거제도(소선거구제·간접선거)는 소수의 거부권 행사자만이 나오도록 설계돼 있다. 이런 체제에서는 여당이 과반수 의석을 차지할 경우 의회라는 거부권 행사자가 사라지게 된다. 반면 브라질은 대통령제를 채택하고 있지만 정당체제는 다당제, 선거제도는 비례대표제를 채택하고 있다. 비례대표제는 다당제를 만들고, 여러 정당이 연합해야만 입법이 가능하다. 정치제도상 거부권 행사자가 양산되는 형태로, 불안한 정치체제가 지속될 수밖에 없다. 이처럼 대통령제와 비례대표제의 조합은 최악의 효율성을 가져오고, 정치가 실종되는 식물정부·의회 상태를 낳는다.

　의회제는 다수당이 행정부를 구성하기 때문에 거부권 행사자의 수가 줄어든다. 특히 의회제, 양당제, 소선거구제의 결합은 정부에 막강한 권력을 부여하게 된다. 영국이 가장 대표적인 국가로, 대통령제하에서 여대야소의 상황과 같다. 반면 대다수의 유럽 국가들은 의회제, 다당제, 비례대표제를 시행하고 있다. 의회제의 특성에 맞춰 행정부로의 과도한 권력집중을 막기 위해 거부권 행사자를 늘린 형태다. 의회 내에서 하나의 정당이 과반을 차지할 수 있는 최대한 가능성을 낮추고, 여러 정당 간 연합 및 견제를 상시적으로 가능하게 하면서 제도적 조화를 이룬 셈이다.

　개헌 논의는 거부권 행사자 수의 적절한 균형점을 찾아야 한다. 그렇다면 무엇을 목적으로 하느냐가 중요하다. 제왕적 대통령제의 폐해 극복, 다양한 사회적 목소리의 반영을 위해서라면 거부권 행사자 수를 늘려야 한다. 단순히 대통령제 단임제, 중임제 차원의 문제가 아니다. 그런데 대통령 4년 중임제가 모든 문제를 해결할 방안인양 호도하는 사람들이 있다. 우리가 대통령제만을 고수한다면 다당제와의 조합밖에는 남지 않는다. 세계적으로 이미 실패했다고 평가받는 모델을 굳이 도입할 이유가 없다. 대통령제를 유지하면서 다당제, 비례대표제 확대를 주장하는 것은 그야말로 어불성설이다.

05

검찰해체

검찰은 더 이상 개혁이 아닌 해체의 대상이다. 정치검찰은 집권세력엔 부실수사를, 반대세력엔 표적·과잉수사를 일삼았다. 검찰은 국민들의 신뢰를 완전히 잃었고, 민주주의와 인권을 후퇴시켰다. 문재인 정부의 검찰개혁이 실패했기에 더 강력하고 완벽한 방안이 나와야만 한다. 그 핵심에는 검찰청 해체와 공소청·중수청 설립이 있다.

문재인 정부의 검찰개혁은 검찰에서 수사권을 완전히 빼앗아 오지 못했다. 법적으로는 검사의 직접 수사개시범위가 축소됐지만 수사범위가 크게 줄어들지 않았다. 검찰을 견제하기 위해 고위공직자범죄수사처(공수처)를 띄웠지만 역부족이었다. 공수처 검사는 처장·차장을 포함 25명, 수사관은 40명으로 제한돼 있다. 검찰의 일개 지청 정도로 규모가 작고, 수사범위가 제한돼 있어 효과적인 견제가 이뤄지지 못했다. 그 결과 기소권·수사권을 틀어쥔 검찰의 권한남용은 여전히 횡행하고 있다. 대한민국 검찰은 아직도 민주주의 사회에서 존재할 수 없는 초거대권력이다.

이제 검찰청을 공소청으로, 검찰총장을 공소청장으로 전환해야 한다. 공소청이 신설되면 기소·공소유지와 영장 청구 기능만이 남게 된다.

이로써 검사의 직접 수사는 차단되고, 기존의 검찰청은 사라진다. 각 지역에도 마찬가지로 지방공소청과 지방수사청을 두면 된다.

중대범죄수사청은 부패, 경제, 공직자, 선거, 방위사업, 대형참사, 마약 범죄 등 7대 중대범죄에 한해 수사를 담당한다. 중수청은 기소 권한이 자체가 없고 공소청에서 불기소 처분으로 견제가 가능하다. 이런 방식으로도 중수청의 비대화가 우려된다면 여러 개의 전문 수사기관을 두는 방안을 검토해 볼 수 있다.

공소청과 중수청의 독립 구조를 만들어야 하고, 인사와 운영 구조는 투명하게 설계돼야 한다. 공소청은 법무부 산하에, 중수청은 국무총리실 산하에 두는 등 소속 분리가 필요하다. 공수처·중수처의 관리·감독은 독립된 위원회에 맡길 수 있다. 해당 위원회가 정책을 심의·의결하고, 비위 감독 및 승진·전보·보직 등 인사 전반을 관할하게 만드는 것이다.

검찰에 대한 국민적 통제를 강화하는 방식도 있다. 대표적으로 기소대배심제와 검사장 직선제 등이 거론된다. 대배심제는 일반 시민이 배심원으로 참여해 기소 여부를 결정하는 제도이다. 해당 제도는 검찰개혁 시도 때마다 검토 돼왔고, 검찰시민위원회가 구성되는 계기가 됐다. 그러나 검찰시민위원회는 기소 여부 의견은 권고 수준에 그친다. 미국의 대배심제를 우리나라 사법 현실에 맞게 도입하자는 이야기가 나오는 이유다.

지역검사장 직선제는 주민이 지방검찰청 검사장을 직접 선출하는 제도이다. 검사는 검찰총장 지휘·감독에 복종하는 체계인데 지역의 검사장을 주민 투표로 선출해 중앙의 힘을 분산시키겠다는 취지이다. 또한 검사 퇴직 후 1년 이상 공직 후보자 출마를 제한하는 정치검찰 금지법도 필요하다. 현행 공직선거법상 검사는 퇴직 후 90일만 지나면 공직

후보자로 출마할 수 있기 때문이다.

    공소청·중수청 설립은 오랜 기간 논란이 된 정치검찰 문제를 바로잡는 상징이다. 여러 가지 개혁 방안 중에 우선순위를 정하고, 상호 공존할 수 있는 체제를 만들어야 한다. 권력은 부패하기 쉽고, 절대 권력은 절대적으로 부패한다. 민주주의의 역사는 권력에 대한 불신으로부터 권력의 제한과 분산, 견제로 발전해 왔다. 우리는 공정한 사법 체계 구축을 목표로 수단과 방법을 가리지 않아야 한다. 이제라도 균형 잡힌 사법체계 확립을 통해 검사가 권력층이 아니라 국민을 바라보게 만들어야 한다.

06

지역갈등해소

　지역갈등의 주범은 정치다. 국민 통합을 말하는 정치인이 없다. 누구 하나 할 것 없이 선거에서 이기기 위해 지역감정을 조장한다. 박정희 정부 이후 고착화 된 지역주의가 아직도 기승을 부리고 있다. 지역갈등에 편승한 정치인들은 민의는 안중에도 없다. 선거제 개혁을 통한 해법을 모색해 볼 수 있겠지만 궁극적으로 지역주의 조장 정당을 시민의 힘으로 도태시켜야 한다.

　1963년 제5대 대선까지만 해도 영남과 호남의 갈등은 없었다. 당시의 선거 양상은 도시와 농촌 구도였다. 도시는 윤보선 민정당 후보를, 농촌은 박정희 민주공화당 후보를 지지했다. 두 사람의 득표차이는 15만 표였는데, 박 후보는 경상도에서는 60%대, 전라도에서는 50%대의 압도적 표를 받았다.

　1967년 제6대 대선에서는 지역주의 성향이 나타났지만 강하지 않았다. 지역별로 살펴보면 박 후보는 강원, 충북, 경북, 경남, 부산, 제주에서 이겼고 윤 후보는 서울, 경기, 충남, 전북, 전남에서 승리했다. 박 후보는 경제개발 5개년 계획을 앞세워 윤 후보를 가볍게 따돌리고 재선에 성공했다.

1971년 제7대 대선에서 영남과 호남의 갈등은 폭발한다. 박 후보는 경상도에서 70%대의 득표율을 기록했고, 김대중 신민당 후보는 전라도에서 60%대의 표를 받았다. 이는 박정희 정부가 영남을 중심으로 공업화를 추진하고, 호남의 농업은 홀대하는 정책을 폈기 때문이다. 김 후보는 "전라도가 받은 차별은 약 1300여 년 전부터이다. 서울 남산에서 돌을 던져 차가 맞으면 경상도 사람 차요, 사람이 맞으면 전라도에서 올라온 식모와 구두닦이다."라며 호남 푸대접론을 들고 나왔다. 민주공화당은 "천년 신라 후손을 뽑아 경상도 대통령을 만들자.", "전라도 사람들 똘똘 뭉쳤으니 우리도 뭉치자."라고 맞섰다. 유신체제와 신군부독재 이후 1992년 제14대 대선에서는 김영삼 민주자유당 후보는 영남에서 60~70%대, 김대중 민주당 후보는 호남에서 80~90%대를 득표했다. 이러한 지역주의 투표는 고착화됐고 2022년 제20대 대선에서도 비슷한 결과를 낳았다. 윤석열 국민의힘 후보는 대구·경북에서 70%대를 얻었고, 이재명 더불어민주당 후보는 광주·전북·전남에서 80%대의 표를 받았다.

선거 때마다 국민의힘은 서진정책을, 민주당을 동진정책을 언급한다. 그러나 구색 맞추기에 지나지 않는다. 공천을 보면 진정성이 없다. 당 지도부나 중진의원들의 과감한 도전은 보이지 않는다. 지역갈등 해소를 위해 자신을 희생하겠다는 정치인이 없다. 역사적으로 뿌리 깊은 갈등을 타파할 신뢰는 쌓일 수 없다. 진보정당은 거대양당과 달라야 한다. 현행 선거제에서 어차피 지역구 당선은 어렵다고만 탓할 것이 아니다. 우리 모두가 노무현 대통령이라는 생각으로 영남에 과감하게 뛰어들어야 한다.

07

수도 이전

　대한민국 인구의 절반은 수도권에 집중돼 있고 정치, 경제, 문화 자원은 모두 서울에 몰려있다. 그야말로 '서울=패권'이다. 수도권과 지방의 격차는 심화되고 있고, 시간이 지날수록 더 큰 사회적·경제적 부담이 될 수밖에 없다. 행정수도 이전은 장기적 국가 발전을 위해 필수적인 선택이다. 진보정당은 지역 균형 발전, 불평등 해소, 행정 효율성 제고 등 종합적인 개혁과제로 수도 이전을 재추진해야 한다.

　행정수도 이전의 역사는 박정희 정부로 거슬러 올라간다. 박정희 전 대통령은 1977년 3월 16일 행정수도 건설을 위한 백지계획을 수립하라고 지시했다. 곧장 청와대 직속인 중화학공업추진위원회 산하에 행정수도 건설을 위한 실무기획단이 만들어졌다. 정부는 6월 27일 임시 행정수도 건설을 위한 특별조치 법안을 발의했고, 9일 만에 국회에서 재석 의원 185명 중 135명의 찬성으로 가결됐다. 그러나 1979년 10월 26일 박 전 대통령 사망으로 무산됐다.

　노무현 전 대통령은 취임 직후 수도 이전을 본격화했지만 헌법재판소에서 위헌결정을 내렸다. 헌법재판소는 2004년 10월 21일 서울이 수도라는 것은 현행 헌법에 명시돼 있지 않지만 관습헌법에 해당하고, 수도 이전은 헌법개정절차를 거쳐야 한다고 못 박았다. 문재인 전 대통령은 2017년 5월 10일 헌법에 수도에 관한 사항을 법률로 정하도록 성문헌법을 개정할 것을 제안했지만 자유한국당의 반대로 투표가 불성립됐다.

수도 이전에 대한 국민 여론은 팽팽하다. 여론조사기관 입소스가 SBS 의뢰로 2020년 7월 24~25일 전국 만 18세 이상 1200명을 대상으로 행정수도 이전에 대해 찬반 의견을 조사한 결과에 따르면 찬성은 48.6%, 반대는 40.2%로 집계됐다. 한국갤럽이 같은 달 28~30일 전국 만 18세 이상 1001명을 대상으로 조사한 결과에서는 서울시 유지가 49%, 세종시 이전이 42%로 집계됐다. 다만 서울에서는 수도 이전 반대가 61%에 달했다.

진보정당은 행정수도 이전을 지방 소멸 방지와 지방 분권 강화를 위한 진보적 대안으로 풀어나가야 한다. 수도 이전이 단순히 서울시와 세종시만의 문제가 아니라 국토 전체의 인구, 자원, 경제 등 불평등 해소 전략임을 강조할 필요가 있다. 세종시를 세계적 수준의 친환경 도시로 전환해 지속 가능한 미래 사회 건설의 출발점으로 삼아야 한다.

우리는 선제적인 국민투표 제안을 통해 정치적 지지 기반을 확대해 나가야 한다. 헌법재판소의 위헌 판결을 해소하기 위해 헌법 개정은 필수적이다. 서울 중심주의에서 벗어나 불평등을 바로잡는 일로 규정하고, 대한민국의 민주주의를 완성하는 길이라는 당위성을 내세운다면 수도 이전은 결코 불가능한 일이 아니다.

08

전세제도 폐지

　매년 수차례 부동산 가격 안정화를 위한 정책이 쏟아진다. 그러나 지금까지 성공한 적이 없다. 왜냐하면 근본적인 해결책이 아니기 때문이다. 치솟는 아파트 가격을 잡기 위해서는 궁극적으로 전세 폐지에 나서야 한다. 전세는 세계에서 유일한 임대방식으로, 부동산 갭 투자와 가격 거품의 주된 원인이다. 진정한 서민 주거 안정은 전세가 사라질 때 가능하다.

　전세는 과거 고금리 환경에서 보증금을 은행에 예치해 높은 수익을 올리는 것이 가능했기에 자리 잡은 제도이다. 그동안 전세는 월세 부담 없이 저축을 통해 주택을 구입하는 징검다리로 인식됐다. 우리나라의 전세와 유사한 계약 제도는 일부 국가에 존재하나 거액의 보증금, 월세 면세, 반환 의무를 가진다는 점에서 완벽히 일치하지 않는다. 전 세계에서 유일무이한 제도라는 것이다.

　전세 보증금은 세입자가 집주인에게 0% 금리로 대출을 해주는 것과 마찬가지다. 전세는 갭 투자를 자극하고, 자산시장 거품의 핵심이다. 갭 투자는 시세차익을 목적으로 주택의 매매 가격과 전세금 간의 차액이 작은 집을 전세를 끼고 매입하는 구조다. 예를 들어 매매 가격이 6억

원의 아파트가 전세가 4억 2000만 원(전세가율 70%)이라면 전세를 끼고 1억 8000만 원으로 집을 살 수 있다. 매매가가 횡보하고, 전세가가 치솟는 시장 상황에서는 더 적은 투자금으로 아파트 한 채를 사는 것이 가능하다. 이러한 방식으로 여러 채의 아파트를 구매하는 투자수요로 인해 무주택자들은 집을 사기 더 어려워진다.

전세는 집값을 상승시키는 주범이다. 전세가는 매매가를 절대 넘지 못한다. 매매가가 떨어지는 국면에서도 전세가가 부동산 가격을 받쳐주는 상황이 되는 것이다. 부동산 시장이 불황일 때 사람들은 매매보다 전세를 찾게 되고, 높아지는 전세가는 다시 매매가격을 끌어올린다. 이렇게 '전세가 상승 → 갭투자 증가 → 매매가 상승 → 전세가 상승'이라는 악순환이 반복된다.

전세는 세입자 입장에서 당연히 미반환 또는 지연 지급의 위험이 따른다. 무분별한 갭투자의 확산은 위험을 가중시키고, 깡통전세 사태가 사회적 문제로 떠오른 지 오래됐다. 정부가 전세보증보험이라는 제도를 운영하고 있지만 모든 상황에 대해 보장이 된다고 볼 수 없다. 사실상 전세사기를 정부가 떠안는 구조는 성실한 납세자들이 피해를 본다는 점에서도 정의롭지 않다.

진보정당은 전세구조의 문제점을 국민에게 설명하고, 서민을 위한 제도가 아니라는 것을 짚어내야 한다. 전세 폐지는 다소 극단적으로 보일 수 있으나 갭 투자를 막는 가장 강력한 대안이다. 전세는 부유층의 부동산 자산 증식을 돕는 구조이고, 이제는 다수를 위한 공정한 주거 정책으로 전환해야 한다는 점을 강조함으로써 진보적 가치를 전면에 내세울 때다.

당연히 전세 폐지의 사회적 부작용을 최소화하기 위한 점진적 접근은 필요하다. 공공 임대 확대, 전세보증금 규제, 월세 전환 지원 등 병행

제도를 통해 시장안정을 꾀하고 전세 비율을 지속적으로 줄여나가야 한다. 이렇게 단계적 전세 폐지를 통해 부동산 가격 안정화를 꾀해야 한다.

09

주 4일제

주 4일제 도입은 진보정당 노동정책이 출발점이 돼야 한다. 2023년 우리나라의 연간 노동시간은 1872시간으로, 경제협력개발기구(OECD) 평균인 1742시간에 비해 압도적으로 많았다. 장시간 노동과 생산성은 전혀 상관이 없다는 것은 모두가 안다. 삶에 있어 일과 여가의 균형은 시대정신이 됐다. 이제 주52시간 근무제를 넘어 주 4일제를 추진해야 한다.

주 4일제 핵심은 생산성과 효율성 극대화이다. 주 4일제를 시행해 쓸데없는 시간을 줄이고 노동 강도를 높여 일을 하자는 개념이다. 일부 연구는 노동시간 단축이 생산성을 높이는 효과를 가져 온다고 뒷받침한다. 임금 삭감 없는 주 4일제가 가능한 이유다.

실제로 주 4일제는 개인과 기업에 긍정적 효과를 내고 있다. 2023년 10월 '연세의료원 주 4일제 시범사업 연구 결과 중간보고회 자료집'에 따르면 참여자들의 여가 시간은 1시간 8분, 자기계발 시간은 23분, 휴일은 44분 증가했다. 직장만족도는 50.2점에서 65.0점으로 높아졌고, 이직 의향은 7.4%포인트 낮아졌다. 주 4일제가 유능한 인재를 장기적으로 확보하는 방안이 될 수 있다.

주 4일제에 대한 국민 여론은 긍정적이다. 여론조사기관 엠브레인이

일하는 시민연구소 의뢰로 2024년 1월 14~16일 임금노동자 300명을 대상으로 주 4일제 도입에 대해 조사한 결과에 따르면 찬성은 67.3%로 집계됐다. 이는 2023년 9월 조사에서보다 약 6% 상승한 수치다. 주 4일제에 대한 사회적 공감대가 형성되고 있다고 볼 수 있는 대목이다.

주 4일제의 전면적인 시행을 준비해야 한다. 정부는 공공 부문부터 주 4일제를 적용해 새로운 노동문화를 선도해야 한다. 민간 부문은 보조금이나 세금 혜택을 제공해 주 4일제 도입을 촉진할 필요가 있다. 이를 통해 노동자와 기업의 의견을 반영하고, 지속가능한 주 4일제 모델을 만들어가야 한다.

주 4일제의 부작용에 대한 우려는 선택적 주 4일제로 해결할 수 있다. 모든 직원에게 강제로 주 4일제를 적용하는 것이 아니라 노동자들의 선호에 맞게 탄력적으로 운영하는 것이다. 자유로운 선택은 주 4일제에 대한 반감을 줄이고, 각 산업의 특성과 노동환경에 따라 맞춤형 제도를 도입하는 방안이 될 수 있다.

진보정당은 주 4일제로 이슈파이팅에 나서야 한다. 기존 지지층을 결집시키고, MZ세대(밀레니얼+ Z세대)들의 관심을 끌 수 있는 강력한 정책적 메시지가 될 것이다. 당연히 정책 실행 가능성, 구체적 계획, 부작용에 대한 보완책이 합리적으로 제시돼야 한다. 주 4.5일제부터 도입한 뒤 완전한 주 4일제로 전환하는 방식도 고려해 볼 만하다. 이렇게 주 4일제를 사회에 연착륙시켜 노동자들의 지지를 이끌어내야 한다.

10

노조 혁신

기존 양대노총의 올드한 투쟁 방식은 더 이상 통하지 않는다. 이제 정규직 중심, 대규모 참여, 전면 중단 사회적 공감대를 얻지 못한다. 변화하는 노동 환경에 발맞춰 노동조합 혁신이 이뤄져야 한다. 그 핵심에는 대기업 중심주의 개선, 강성노조 기득권 타파, MZ세대(밀레니얼+ Z세대) 참여 활성화가 있다.

민주노총과 한국노총은 대다수 노동자들에게 기득권으로 받아들여지고 있다. 투명한 노조 운영과 민주적 의사결정이 이뤄지지 않는다는 불만이 터져 나오고 있다. 대기업 노조는 자신들의 이익만 대변하며 노동자들의 사회적 연대를 저해하고 있다. 소위 귀족노조는 보수진영의 시각만은 아니며, 노동자 사이에서도 지속적으로 비판이 제기되고 있다.

전통적인 파업과 회계 공시 거부 등에 대한 시선도 곱지 않다. 노조 가입률이 지속적으로 떨어지는 이유다. 투쟁 방식은 전면에서 부분으로 전환돼야 한다. 전체 업무를 중단하는 대신 중요한 부문에만 집중하거나 특정 시간대에 파업을 진행하는 것이다. 이렇게 단계적 파업을 시작으로 점차 강도를 높여 나가야 한다. 이는 정부나 기업이 가장 민감하게 반응하는 부분에 집중하고, 사회적 피해를 최소화하면서 국민적 지지를 얻기 위한 방법이다. 온라인 캠페인을 활용해 파업 효과를 극대화해야 한다. 사회관계망서비스(SNS), 해시태그 운동 등 온라인 참여를 유도해 여론을 통한 압박도 가능하다.

노조 회계 공개는 글로벌 스탠다드에 부합한다. 미국에서는 25만 달러 이상의 예산이 있는 노조는 노동부에 회계내역을 보고해야 하고, 영국에서는 연례 회계 보고를 의무화하고 있다. 노조가 회계 내역을 국민과 조합원들에게 공개 못할 이유는 없다. 투명한 노조 운영이 뒷받침 돼야만 노동운동이 신뢰를 회복할 수 있다.

MZ세대들의 노조에 대한 반감을 낮춰야 한다. 이들은 개인의 권리와 효율성을 중시한다는 점에 착안해 노조가 변해야 한다. 대면 중심의 노조 운영은 디지털 시대에 맞지 않다. 모바일과 온라인 기반 플랫폼 구축을 구축하고 가입, 의사결정, 정보 공유를 빠르게 진행해야 한다. 20·30세대에 익숙한 실시간 의사소통의 활성화를 통해 노조 내부의 민주주의를 실현해야 한다. 또한 근무 환경 개선, 워라밸, 복지 확대 등 젊은 노동자들의 의견을 적극 반영하고, 노조 가입의 효능감을 느끼게 해줘야 한다. 아울러 연공서열 중심의 문화와 차별적 관행을 타파하고, 성과 기반 보상 체계와 공정한 승진 제도를 위한 협상에 집중해야 한다.

진보정당은 기성노조의 개혁을 유도하고, 한국 노동운동의 미래를 준비해야 한다. 당장 민주노총과 한국노총의 지지를 얻기 위해 문제점을 비판하지 못한다면 양측 모두가 자멸하는 길이다. 우리는 기존 노조가 대화와 협상을 중시하는 전략으로 전환할 수 있도록 하고, 협력 모델 제안과 정책적 지원에 주력해야 한다.

11

노동존중사회

우리나라는 노동의 가치를 가볍게 여기는 풍토가 있다. 1960~70년대 값싼 노동력을 기반 압축적 경제성장을 이뤄낸 역사적 배경이 깔려 있다. 노동존중사회는 선거 때마다 등장하는 단골 캐치프레이즈이지만 현실은 딱히 바뀐 것이 없다. 이제 인공지능(AI) 시대의 도래는 노동의 형태와 구조를 근본적으로 변화시킬 것으로 전망된다. 앞으로 노동사각지대에 있는 사람들이 늘어날 것이고, 이들을 보호하기 위한 구체적인 전략과 정책을 준비해야 한다.

사실 AI 기술의 발전은 노동자 입장에서 썩 달갑지는 않다. AI와 인간의 결합은 대규모 고용과 사업장이 필요 없는 세상이 된다. 정규직 형태의 고용은 사라지고 5인 미만 사업장, 비정규직 등이 보편화될 것이다. 이렇게 되면 전통적인 노조 가입이 어려운 직종이 증가하면서 노동자 권리 보장을 위한 새로운 연대 모델과 접근이 필요해지게 된다.

온라인상에서 노조 가입, 정보 공유, 노동권 보호 활동을 할 수 있는 플랫폼이 자리 잡아야 한다. 시민단체 직장갑질119의 온라인노조는 노조의 미래를 제시하고 있다. 해당 노조는 소규모 기업에 재직 중인 직장인, 회사에 다니지 않는 구직자 등 직종과 업종에 관계없이 가입원서와

월 5000원 이상의 조합비를 내면 누구나 가입할 수 있다. 이곳에선 노동상담, 노동교육 등이 이뤄지고 갑질과 직장 내 괴롭힘에 대응하는 법률정보를 제공한다. 조합원은 24시간 온라인 상담을 받을 수도 있고, 필요 시 오프라인에서 대면 상담도 가능하다. 온라인노조는 퇴근 후 연락 금지, 내 연차 내 맘대로, 회식 문화 개선, 반말 금지, 프리랜서 말고 근로계약서 쓰기 등을 의제로 삼는다. 업종별 직장인이 30명 이상 모일 경우 업종별 지부도 만들 계획이다. 온라인노조는 2024년 10월 31일 고용노동부로부터 노조설립 신고증을 받았고, 노조법상 노조 지위를 획득했다.

AI 시대의 노동 환경에서 새로운 권리를 정의해야 한다. 원격 근무자 등 새로운 노동형태에 대한 포괄적 노동권을 정립해야 한다. 기술의 발전으로 일자리를 잃을 위험이 있는 노동자들에게는 재교육과 평생학습의 기회를 제공해야 한다. AI 기술이 노동자를 착취하지 않도록 공정한 기술사용을 규정해야 하며, 노동자들에게 충분한 보상이 주어지도록 정책적·입법적 뒷받침이 필요하다.

진보정당은 AI 시대에 노동자의 존엄성을 지키면서 기술의 혜택을 공정하게 분배하는 것에 초점을 맞춰야 한다. 기술 혁신이 사람의 삶을 위협하는 요소가 아니라 모두를 위한 발전으로 이어질 수 있도록 해야 한다. AI가 인간 노동을 보완하는 방향으로 활용될 수 있도록 공론화하고, 사회적 합의를 이끌어내야 한다. 대다수 노동자들이 AI 기술 변화에 대응할 수 있는 정책적 대안을 제시할 때 정보정당의 존재 가치를 확인할 수 있을 것이다.

12

기본소득

　기본소득은 진보진영만의 의제는 아니다. 전 세계적인 기술혁신의 상징인 미국 실리콘밸리에서도 활발한 논의가 이뤄지고 있다. 인공지능(AI), 로봇, 자동화 등으로 인한 대규모 실업과 소비-생산 시스템 붕괴에 대한 우려에서다. 현재의 자본주의체제를 유지하기 위한 보완책 중 하나로 검토되고 있는 것이다. 그러나 우리나라에서는 1인당 50만~60만 원 등 현금복지의 연장선에서 논의되는 경향이 있다. 이는 기본소득의 원칙을 무시한 정치적 타협안으로 국민들에게 심각한 왜곡을 발생시키고 있다.

　기본소득지구네트워크는 기본소득을 자산조사를 하지 않고 근로여부와 관계없이 개인 모두에게 무조건 지급하는 소득으로 정의한다. 기본소득의 핵심은 가계가 아닌 개인 단위라는 점, 다른 소득의 유무와 무관하다는 점, 노동 여부와 관계없다는 점이다. 최저소득보장제도의 한 형태로써 미국, 유럽 등 여러 나라에서 실험이 계속되고 있다.

　기본소득에 대한 가장 큰 우려는 막대한 재원이 필요하다는 것이다. 하지만 현재 논의되고 있는 기본소득 지급은 다른 사회복지제도의 축소 및 폐지를 수반한다. 즉, 기본 소득을 도입하는 대신 다양한 복지 수당을 통합해 비용을 줄이는 것이다. 이렇게 기존의 사회복지 제도를 유지하기 위해서 들어가던 비용 중 상당액이 절감되며 더 이상 자격심사 등 복지 시스템 유지에 들어가던 막대한 비용도 필요 없어진다. 여기에 더해 기본소득론자들은 토지세, 자본이득세, 이자소득세 등의 불로소득에 높은 세율로 과세하자는 안을 대표적인 재원확보방법으로 제시하고 있다. 사회적 합의만 도출된다면 재원문제는 충분히 해결이 가능하다. 기본소득은 막연하게 포퓰리즘이라고 치부할만한 정책은 아니다.

기본소득이 노동참여율을 떨어뜨릴 것이라는 지적이 있는데 각국마다 다른 결과가 도출됐다. 원래 알래스카 주는 미국에서 소득 수준이 가장 낮고 빈부격차가 큰 지역이었다. 하지만 1982년부터 기본소득을 도입하면서 빈부격차가 줄어들었고, 노동참가율은 떨어지지 않았다. 아프리카 나미비아의 기본소득 실험에서는 빈곤 완화·자립의지 강화 등 삶의 질이 향상됐고, 취업률이 높아지고 지역 경제가 활성화됐다. 반면 핀란드는 2017~2018년 25~58세 실업자 중 무작위로 2000명을 뽑아 매달 560유로를 지급하는 기본소득 실험을 했다. 그 결과 당초 목표와 달리 대부분은 실업상태로 여전히 남아있었다. 이때는 기본소득이 노동의욕 고취에는 별다른 효과가 없는 것으로 평가됐다.

민주주의는 정치의 영역에서 모든 사람에게 동등하게 1인 1표를 부여한다. 지금은 국민이라면 누구나 가지는 보편적인 권리가 됐지만 사실 처음에는 말도 안 되는 이야기로 생각됐다. 기본소득도 마찬가지다. 모든 국민이 최소한의 인간다운 생활을 할 수 있도록 국가와 사회가 도와야 한다는 데 반대하는 사람은 없을 것이다. 하지만 우리 사회에서 기본소득에 대한 편견은 토론의 기회조차 박탈하고 있다. 진보정당은 국민들에게 기본소득의 명확한 원칙과 실현 가능성을 설명하고 사회적 실험을 제안해야 할 때다. 해외사례만 보고 있을 일이 아니다.

13

기후 위기

　기후 위기가 우리의 일상을 위협하고 있다. 지난해에 이어 올해도 전 세계에서 폭염, 집중호우, 산불, 가뭄 등 이상 기후 현상이 빈번하게 벌어지고 있다. 역대급 폭염으로 인한 사망자는 급격히 늘었다. 이제 단순히 환경 문제를 넘어 사회적 약자들에게 심각한 영향을 미치는 불평등 문제가 됐다. 노동자와 취약 계층 보호를 위한 정책 마련이 시급한 상태다.

　과거의 지구의 온도가 1도 상승하는데 약 1000년이 걸렸다. 산업화 이후부터 현재까지 지구 평균온도 1.2도가 올랐다. 지금의 추세가 유지된다면 2030년에는 1.5도를 돌파하고, 2050년에는 2도를 넘어설 것으로 예측된다. 지구 온도가 2도 상승하면 동식물종의 18%가 멸종 위기에 처할 것으로 전망된다. 국제사회는 2015년 파리기후협정에서 2100년까지 산업화 이전 대비 지구 평균기온 상승을 2도보다 낮은 수준으로 유지하고, 1.5도 이하로 제한하기로 합의했다. 그러나 기후변화가 가속화되면서 1.5도를 넘는 시점이 점점 앞당겨지고 있다는 지적이 나온다.

　정부간기후변화협의체(IPCC) 6차 평가보고서 제2실무그룹 보고서는 기후 위기로 인한 피해는 저개발 국가가 선진국보다 더 취약하다고 꼬집었다. 주요 취약 지역은 서아프리카, 중앙아프리카, 동아프리카, 남아시아, 중남미, 군소 도서 개발도상국, 북극 등이다. 해당 지역의 2010년부터 2020년까지 홍수, 가뭄, 폭풍으로 인한 사망률은 다른 지역에 대비 15배 높았다. 기후 위기를 덜 초래한 사람이 오히려 더 참혹한 환경으로 내몰리고 있는 현실이다.

국내에서도 기후 위기 피해가 급증하고 있다. 질병관리청에 따르면 2024년 5월 20일부터 9월 30일까지 온열질환자는 3704명으로 전년(2818명)보다 31.4% 늘었다. 연령별로는 50대가 716명(19.3%), 60대 678명(18.3%), 40대 538명(14.5%), 30대 478명(12.9%), 70대 434명(11.7%) 등 순이었다. 장소별로는 실외 작업장 1176명(31.7%), 논·밭 529명(14.3%), 길가 364명(9.8%), 실내 작업장 339명(9.2%) 등으로 나타났다. 직업별로는 단순노무종사자가 947명(25.6%), 무직 483명(13.0%), 농림어업숙련종사자 371명(10.0%) 등으로 조사됐다. 온열질환 추정 사망자는 34명이었다.

특히 저소득층에 피해가 크다는 결과가 나왔다. 여성환경연대가 2022년 5월 30일부터 6월 12일까지 전국 성인 남녀 1263명을 대상으로 실사한 설문조사에 따르면 일사병, 탈수 등 폭염 피해를 경험했다고 답한 응답자는 월 소득 500만 원 이상에서는 34.5%에 불과했지만 월 소득 100만 원 미만에서는 64.5%에 달했다.

기후 위기 피해는 날이 갈수록 심각해질 것이고, 이제는 피할 수 없는 위험이 돼버렸다. 전 세계 국가의 탄소중립을 위한 노력이 필요한 문제지만 실질적 실천은 요원하다. 그렇다면 우리는 대한민국에서 적어도 기후 위기로 죽는 사람이 발생하지 않도록 해야 한다. 진보정당은 전기료 보조, 응급 의료서비스 강화, 노동자 휴식시간 보장 등 사회적 안전망 강화에 목소리를 높여야 한다. 본질적으로 지구의 온도를 낮춰야겠지만 일단은 사람부터 살려야 한다.

14

성 평등

　페미니즘과 반페미니즘으로 우리 사회가 양극단으로 쪼개졌다. 일부 극단적 페미니스트들이 남성을 적으로 규정했고, 이를 정치권이 악용해 남녀갈등이 부추겼다. 이제 페미니즘은 잘못된 프레임에 갇혀 용어 자체의 의미가 변질됐다. 페미니즘의 본질에 대한 재정립이 필요하다. 성 평등은 여성의 권리 신장이 아니라 모든 사람이 동등하게 존중받는 사회를 만드는 것이라는 것을 다시 한번 명확히 해야 한다.

　대한민국의 성 평등 수준은 부끄럽게도 전 세계에서 하위권이다. 세계경제포럼(WEF)의 2023년 세계 젠더 격차 보고서에 따르면 우리나라의 젠더 격차 지수는 0.680으로 전체 146개 국가 중 105위로 집계됐다. 이는 가나(100위·0.688), 부탄(103위·0.682), 세네갈(104위·0.680) 등보다 낮은 수준이다. 젠더 격차 지수는 1에 가까울수록 양성평등이 잘 이뤄져 있다는 뜻이다. 수년째 상승하던 순위가 다시 후퇴하면서 성 평등 후진국이라는 오명에서 벗어나지 못하고 있다.

　MZ세대(밀레니얼+Z세대)에서는 기존의 이념, 지역 갈등보다 남녀갈등이 더 심각하다. 이러한 현상의 중심에는 인터넷 커뮤니티가 있다. 사실 온라인상에서 일간베스트(일베)를 중심으로 여성에 대한 혐오는 끊임없이 논란이 됐다. 이에 맞서기 위해 메갈리아·워마드가 나왔다. 이들은 미러링을 핵심전략으로 삼았다. 여성혐오 프레임을 뒤집어 패러디함으로써 그 문제점을 보여주겠다는 것이었다. 미러링은 주체와 대상을 역전시켜 직접적인 감정이입을 이끌어내는 것을 목적으로 한다. 피해자가 너 자신이라고 생각해 보라는 전략은 필연적으로 우리에게 상당한 불쾌함을 준다. 그 본질이 원본에 기인한다고 할지라도 페미니스트들조차 혐오코드에서 자유로울 수 없는 덫이 되고 말았다.

혐오를 혐오로 맞서는 순간 사회 전체적으로 혐오는 다시 확대될 수밖에 없다. 미러링에서 사용되는 언어는 일베를 비추는 한낱 거울에 불과하다. 그렇게 사회적으로 혐오가 재생산·유통되고 있으며, 심지어 남성혐오로 이어지고 있다. 자신들이 비판하는 상대와 너무나 닮아져 버린 것이다. 그것이 일베의 여성혐오에 대응하기 위함이었다는 말로 모든 것이 정당화될 수는 없다. 많은 사람들이 극단적 페미니즘에 대해 문제의식을 갖고 있는 이유다.

괴물과 싸우는 사람은 자신이 괴물이 되지 않도록 조심해야 한다. 애초에 미러링의 목적은 역지사지를 통해 공감을 불러일으키고, 사회적 의제화를 위한 운동이었다. 그런데 여성혐오에 대한 그저 화풀이로 전락하고 말았다. 극단적 페미니스트들은 성 평등 문제에 관심 있는 사람들까지 배제하게 된 것이다. 진정으로 우리 사회의 가부장적인 구조를 변화시켜 나가기 위해서는 대다수의 사회구성원들을 설득해 나가는 방식을 선택해야 한다.

진보정당은 남녀 갈등을 완화하는 포용적 성 평등 전략으로 나아가야 한다. 극단적 세력 및 혐오와는 선을 긋고, 세대별 맞춤형 성 평등 교육과 캠페인을 통해 사회적 공론화에 앞장서야 한다. 정책적으로는 여성 경력 복귀 지원, 유리천장 해소, 돌봄 서비스 확충 등 성별에 관계없이 평등한 기회와 권리를 보장하는 것에 집중해야 한다. 성 평등은 남녀 대립이 아닌 상호 존중으로 실현된다.

15

남북통일

　최근 아무도 관심이 없던 통일 문제가 사회적 논란이 됐다. 임종석 전 대통령비서실장이 2024년 9월 19일 평양공동선언 6주년 기념식에서 '통일하지 말자'고 주장했기 때문이다. 대학생 시절부터 통일운동에 매진해 온 그의 발언은 상당히 이례적으로 받아들여졌다. 진보진영은 갑작스럽게 전개된 상황에 납득할 수 없다는 평가를 내놨고, 보수진영은 북한의 주장과 같다며 맹공을 퍼부었다. 그러나 '평화 두 국가 체제'는 실현 가능한 최선의 통일 방안이 될 수 있다.

　현시점에서 통일 논의는 비현실적이다. MZ세대(밀레니얼+Z세대)는 통일이 필요하지 않다고 생각한다. 민주평화통일자문회의가 2024년 11월 11~15일 20·30대 온라인 패널 1000명을 대상으로 조사한 결과에 따르면 통일이 필요하지 않다는 응답은 48.1%였다. 이는 통일이 필요하다는 응답(43.3%) 보다 높은 수치다. 통일이 자신에게 이익이 되지 않을 것이라는 응답은 60.4%에 달했다. 이들은 통일은 민족의 염원이라는 당위성으로 더 이상 설득할 수는 없다.

　차라리 자유로운 왕래 가능한 두 국가 체제가 통일로 나아가는 열쇠가 될 수 있다. 남북은 국제연합(UN) 동시 가입 등 국제법상 독립국가가 된 지 오래됐다. 무조건 하나의 국가로 만들자는 주장은 통일을 오히려 요원하게 만들고 있다. 차라리 양국이 평화협정을 체결하고, 경제협력에 주력해야 한다. 과거의 흡수통일 모델이 아니라 유럽연합(EU)의 발전 단계를 밟아나가야 한다. 평화 두 국가 체제를 통해 남북이 수교를 맺고, 비자 발급을 통해 자유로운 인적·물적 교류를 가능하게 해야 한다. 이는 남북의 정권 교체와 상관없이 지속되는 조약 형태가 돼야 할 것이다.

두 국가론은 새로 나온 개념이 아니다. 남북이 두 차례의 정상회담에서 도출한 결과물을 확장시켜 나가는 과정이다. 2000년 6·15 남북공동선언에서 남한의 연합제안과 북한의 낮은 단계의 연방제안에 서로 공통성이 있다고 인정했다. 남북연합은 통일방안의 1단계로, 서로 독립국가로서 협력기구를 제도화하는 것을 의미한다. 반면 낮은 단계의 연방제안은 남북체제의 공존을 인정하면서도 하나의 연방국가가 두 개의 정부를 관할한다는 점에서 차이가 있다. 쉽게 말해 남한은 하나의 민족·두 개의 국가·두 개의 정부를, 북한은 하나의 민족·하나의 국가·두 개의 정부 원칙을 내세웠다. 2007년 10·4 남북공동선언은 6·15 공동선언 적극 구현, 상호 존중과 신뢰 관계, 군사적 적대관계 종식과 평화 보장, 경제협력 사업 활성화, 사회문화 분야 교류·협력 등을 약속했다.

우리 사회에서 통일의 필요성이 점차 희미해져가고 있다. 헌법에 명시된 자유 민주적 기본질서에 입각한 평화적 통일정책은 실현 불가능하다. 이제는 시대적 변화에 맞게 통일 담론도 발전시켜 나가야 한다. 진보정당은 통일을 이상적 구호가 아닌 실질적 접근을 선도해야 한다. 두 국가 체제는 경제 발전, 전쟁 위협의 해소, 국제적 위상 강화 등 우리에게 새로운 기회를 열어줄 것이고, 20·30세대에게 통일을 준비하는 과도기적 단계로서 충분히 설득력 있는 대안으로 받아들여질 것이다.

에필로그

Seamos todos nosotros realistas, pero tengamos un sueño imposible en nuestro corazón. (Ernesto Che Guevara)

우리 모두 리얼리스트가 되자. 그러나 가슴으로는 불가능한 꿈을 꾸자. 진보정당의 집권을 위해 마지막으로 전하고 싶은 말이다. 지금 우리에게는 진보적 상상력이 너무나 부족하다. 아니 감히 말하건대 거의 없다고 봐도 과언이 아니다. 진보의 미래에서 던진 주제들은 매우 거친 진단과 해법을 담고 있다. 그저 사회적 공론화의 시작을 위한 하나의 메시지일 뿐이다. 당연히 법안과 정책으로 구현되기 위해서는 좀 더 세밀한 논의가 필요하다.

진보정당은 초심(初心)을 잃었고, 이슈파이팅과 정책 제안에 소극적이다. 이는 존재 이유를 스스로 부정하는 일이다. 언제부터인가 진보가 기득권적인 사고방식에 갇혀버렸다. 진보적 상상력은 마치 철부지의 어리광으로 비친다. '거대 양당이 동의해 줄 리가 없다', '대한민국에서는 불가능하다'는 식의 냉소적 반응이 나온다. 그런데 반문하고 싶다. 진보정당이 지금까지 당장 실현가능해 보였던 것들만 추진해 왔는가. 절대 아니다. 지금은 보편화된 무상급식 전면 시행마저도 10년이 넘게 걸린 이슈파이팅의 결과물이었다.

지금 왜 다시 노무현 대통령과 노회찬 의원인가. 진보정치의 본질로 돌아가 방향성을 설정하자는 것이다. 두 분의 수많은 연설문과 영상을 봤다. 때로는 가슴이 벅차올랐고 때로는 눈물이 흘렀다. 책에 담고 싶은 명문장들이 너무 많았고 감히 첨언이 불가능하다고 생각될 때도 있었다. 그렇게 차곡차곡 정리를 해나가다 보니 진보가 가야 할 길이 보이기 시작했다.

우리가 꿈꾸는 진보적 사회는 특정 정치인들에 의해 만들어지는 것이 아니다. 역사의 진보는 엘리트들이 앞장서고 시민이 따라가는 방식으로 이뤄지지 않았다. 진보의 미래는 시민들이 주체적으로 이끌어가는 민주주의 속에서 실현된다. 대한민국의 정치 수준은 시민의 의식과 참여에 따라 결정된다. 진보진영은 그 긴 과정을 준비해야 한다.

2016년 촛불혁명, 2024년 빛의혁명 이후 우리에게는 어떤 진보정치가 필요한가를 진지하게 고민해야 할 때다. 시대가 빠르게 변화하고 있고, 다양한 생각들이 쏟아져 나오고 있다. 기득권 정치는 따라갈 수 없는 정도의 속도이다. 답은 명확하다. 진보의 가치는 어느 한 사람이 완전히 대표할 수 없다. 민주주의의 원칙 아래 많은 시민들의 뜻을 정치에 담아내야 한다. 이렇게 진보정당이 문을 활짝 연다면 시민들의 지지를 받을 수 있는 공간은 얼마든지 열려있다.

진보진영 내 조금의 차이는 인정해야 한다. 100% 완벽히 생각이 일치하는 사람은 존재할 수 없다. 수많은 사람이 존재하는 정당은 더욱 그렇다. 정당은 대학교 동아리, 시민단체, 종교단체가 아니라는 것을 명심해야 한다. 우리의 정치적 이상향이 훨씬 높더라도 정당이라면 조금이라도 앞으로 나아가기 위해 적극적으로 타협에 나서야 한다. 과거 진보정당의 엘리트주의와 배타적 태도는 과감히 청산해야 한다.

노동자, 시민들이 공감하지 못하는 진보정당은 가당치 않다. 저소득층이 진보정당이 아닌 보수정당을 선택하는 현실 앞에서 우리는 깊이 성찰하고 치열하게 고민해야 한다. 그들과 함께하기 위해서 진보정당은 무엇을 했는가. 말로만이 아니라 행동으로 증명해야 한다.

앞으로 진보정치는 구호를 넘어 실천으로 나아가야 한다. 국민들의 삶을 바꾸는 정치에 집중해야 한다. 진보정당 내 의사결정 과정에 시민들이 직접 참여할 수 있는 시스템을 마련하고, 정책 개발과 입법 과정에 적극적으로 반영해야 한다. 우리의 민주주의를 지키기 위해 거리로 나온 시민들의 정신이 미래세대와 정치시스템에 뿌리내릴 수 있게 하는 것이다. 단순한 시민혁명의 계승이 아니라 성숙한 민주주의를 위한 토대를 구축해야 한다. 아무나 할 수 없는 일이고 쉽지 않은 길이다. 그러나 누군가는 반드시 해야만 한다. 그것이 진보정당의 운명이다.

참고문헌

강상구. <노회찬의 말하기>, 2019.12.2.
강상구. <언제나 노회찬 어록>, 2019.10.10.
강원국. <대통령의 글쓰기>, 2014.2.25.
강원택·장덕진 <노무현 정부의 실험 : 미완의 개혁>, 2011.6.3.
김만흠. <민주화 이후의 한국정치와 노무현 정권>, 2006.7.25.
노무현. <노무현 전집>, 2019.5.3.
노무현재단. <존경하는 국민여러분 노무현입니다>, 2022.5.16.
노회찬. <노회찬 함께 꾸는 꿈>, 2019.1.21
노회찬. <노회찬과 심심 X파일>, 2012.1.9.
노회찬. <노회찬의 진심>, 2019.1.24.
노회찬. <노회찬의 약속>, 2010.5.10.
노회찬·구영식. <대한민국 진보 어디로 가는가?>, 2014.11.14.
노회찬·유시민·진중권. <생각해봤어?>, 2015.3.25.
노회찬. <우리가 꿈꾸는 나라>, 2018.9.17.
이광호. <노회찬 평전>, 2023.6.21.
이정우. <노무현과 함께한 1000일>, 2024.5.20.
이창우. <전태일에서 노회찬까지>, 2020.5.1.
오연호. <노무현 마지막 인터뷰>, 2009.7.3.
윤태영. <기록>, 2014.4.23.
윤태영. <대통령의 말하기>, 2016.8.24.

임춘한. <시민의 정치학>, 2024.3.15.

장은주. <공화주의자 노무현>, 2024.3.12.

정경윤. <다시 진보정당>, 2018.12.24.

제16대 대통령 비서실. <노무현과 함께 만든 대한민국>, 2009.5.29.

조국·오연호. <진보집권플랜>, 2010.11.5.

조영래. <전태일평전>, 2020.9.7.

저자소개

임춘한

대학에서 정치외교학·경제학을 공부했다. 2018년 아시아경제에 입사했고, 정치부·사회부 등을 거쳤다. 좋은 세상을 만드는 데 조금이라도 보탬이 되고자 '무엇을 왜 쓰는가'에 대해 치열하게 고민하고 있다.

나의 노무현 너의 노회찬

초판발행	2025년 5월 23일
지은이	임춘한
펴낸이	안종만·안상준
편 집	장유나
기획/마케팅	김민규
표지디자인	이은지
제 작	고철민·김원표
펴낸곳	(주)**박영사**
	서울특별시 금천구 가산디지털2로 53, 210호(가산동, 한라시그마밸리)
	등록 1959.3.11. 제300-1959-1호(倫)
전 화	02)733-6771
fax	02)736-4818
e-mail	pys@pybook.co.kr
homepage	www.pybook.co.kr
ISBN	979-11-303-2277-3 93340

copyright©임춘한, 2025, Printed in Korea

*파본은 구입하신 곳에서 교환해드립니다. 본서의 무단복제행위를 금합니다.

정 가 19,000원